퇴직 후 30년
책이 일하고 돈 벌게 하라

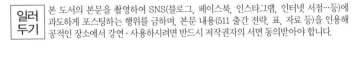

실전입문서
개정증보판

흔들의자 지음

퇴직 후 30년

책이 일하고 돈 벌게 하라

퇴직 전에 준비하는 1인 출판의 생존 기술

퇴직 후 30년, 책이 일하고 돈 벌게 하라!

퇴직 전에 준비하는 퇴직 후 30년 대책

1인 출판,
아는 것도 없고 경험도 없는데 해도 됩니까? '넵'

1인 출판,
시작하는 분들을 위해 꼭 알아야 할 것들만 '쏙'

퇴직 전에 시작한 1인 출판,
퇴직 후에도 소득 공백기 없이 돈벌이가 '쭉'

평생 수입이 되는 1인 출판,
퇴직 후에 연금만으로 살 수 없는 분께 '딱'

퇴직 전에 준비하는 퇴직 후 30년 더 일하는 방법입니다.

이것은 이 책의 초판 《오십에 시작하는 1인 출판》 발행 후, 흔들의
자의 공식 네이버 포스트, 블로그, 페이스북, 인스타그램에 게재된

광고 헤드라인 중에 몇 개다. 헤드라인은 제품이 지닌 속성과 장점이 잘 표현될수록 좋은 광고라 배웠고 그 일을 40년 가까이 해 오고 있다. 광고를 제작하는 일이 본업이던 한창때와는 달리 지금은 필자가 발행하는 책의 광고 제작이 주된 일이지만, 퇴직 후에도 과거에 하던 일을 하는 사람이 몇이나 될까? 나는 그래도 운이 좋은 편이어서 발행된 도서에 비해 훨씬 많은 수천 개의 책 광고를 만들었는데 이 책의 초판을 본 독자의 오해가 있는 듯하다.

> "흔들의자에서 출간한 책들 소개만 많다."
>
> _독자 서평 중에서

변명으로 보일 수도 있지만 그런 얕은 생각으로 책을 기획하거나 만들지 않는다. 흔들의자에서 발행한 책 광고를 싣게 된 이유는 출판을 처음 하는 분을 위해 '홍보는 이렇게 해보세요'라는 뜻으로 50편의 광고를 넣은 것이다. 또한 출판을 처음 시작하는 분을 위해 중요하고 막막한 부문, 즉 저자를 만나게 되는 여러 경로를 글로만 쓰기에는 지루하고 밋밋한 부분이 있어 메인 광고를 보인 것이다.

2021년에 필자가 쓴 《퍼블리싱 광고 마케팅》에 850개가 넘는 시리즈 책 광고가 있는데 그것은 광고인 출신인 내게 출판의 틈새시장을 공략할 새로운 '콘텐츠 아이디어' 발굴에서 나온 것이다. 광고

회사는 매년 광고 연감을 구매한다. (미국, 유럽, 일본 등에서 발행한 도서로 전체가 TV, 신문, 잡지에 실린 광고만을 모은 크리에이티브 워크북, 보통 20만 원 선이다) 그 이유로 그 책은 출판하지만 광고를 어떻게 만들어야 할지 모르는 초보 출판인과 전문 광고인을 타깃으로 제작된 유일무이한 컨셉트 북이다.

나는 ISBN도 모르고 출판을 시작했고 이 책을 보는 사람도 출판에 대해 잘 모르는 사람일 것이다. 이 책이 기존의 출판 관련 도서와 다른 점은 출판사 차리는 법이나 서점 계약과 같은 기본 내용이 앞에 나오지 않는다. 그 이유는 '출판사를 차리는 방법'보다 '출판사는 어떻게 살아남아야 하는가'를 더 중요하게 생각했기 때문이다.

출판은 책으로 배우는 것이 아니다. 한 권의 책이라도 발행해 보는 실행이 우선이다. 한 권의 책은 하나의 경험치만 갖게 한다. 그 이유로 유튜브나 블로그를 기웃거리며 알게 된, 한두 권의 책을 읽고 어렴풋이 아는 얕은 지식, 얄팍한 단견으로 이 책을 보지 않았으면 한다.

초판 발행 후 1년도 되지 않아 개정판을 내는 이유는 세 가지이다. 이 책은 흔들의자에서 출간한 책을 소개하는 책 광고가 아니라 출판을 시작하는 분에게 주는 '아이디어 소스북'이라는 점과 참고용 자료의 보강 그리고 가격 조정이다.

이 책은 출판에 관해 관심도 없었던 사람(그중에 퇴직 후, 30년 뭐 하고 살지 결정하지 못한)에게 권하는 '출판 입문서'로 필자의 경험에 기반한다. 그대로 믿고 실행한다면 '퇴직 후 30년 대책'이 되어 사는 동안 일과 돈벌이가 끊이지 않을 것이다.

1장은 퇴직 전에 출판사업을 시작하면 좋은 이유를 논리적으로 제시했으며 전술적 진행 방법으로 '511 출간 전략'의 설명이다.

2장은 60종 넘게 출간하며 체험된 저자를 만나게 되는 여러 경로인데 이는 출판업의 첫째 걸림돌인 저자 부재를 해결하는 방법이다.

3장은 출판사 창업, ISBN 신청 등 기존의 책과 비슷하지만 1인 출판의 성패가 달린 '인디자인 기술 습득'의 중요성을 강조하고 있다.

4장은 편집의 기초가 되는 디자인 요소와 Basic 칼라 차트로 구성되고 본 개정판에는 베스트셀러의 제목과 부제, 맞춤법 등이 보강되었다.

무슨 사업이든 생각만으로 할 수는 없다. 출판도 같다. 생각이 마음을 지배했으면 실행이 먼저고 시행착오를 줄이며 알아가는 것이다.

출판은 가늘고 길게 하는 사업이다. 은퇴 없이 30년 더 일하는 방법이 1인 출판이다. 나이 들어도 평생 현역으로 돈 벌며 살 수 있는 게 출판이다. 부부가 함께하는 1인 출판사도 많다는 걸 알아 두길 바라며, 퇴직 후 30년, 책이 일하게 하시라. 책이 돈 벌게 하시라.

흔들의자

월급 받고 있는 지금이
1인 출판 시작하기 가장 좋은 때,
몰라서 그렇지
1인 출판사만큼 좋은 사업도 없습니다.

월급쟁이로 살면서 10년 內에 퇴직을 앞둔 사람들은
고민이 많을 수밖에 없다.

'살아 온 날만큼이나 살아갈 날이 많이 남았는데
퇴직 후 무엇을 하며 살 것인가!'
'한 번뿐인 인생, 모아 놓은 돈도 없고, 마땅한 빽도 없고,
특별한 기술도 없는데 무엇을 하며 어떻게 살아내야 할까.'
'노년의 생활이 연금만으로 유지될 수 있을까.'
'곧 정년인데 남은 인생을 어떻게 살아갈지 막막하다…' 등
50대에 드는 압박감은 젊은 날에 고민했던 것과는 차원이 다르다.

중장년의 고뇌는 두려움이 되기도 하지만 기회가 되기도 하는데 도전한다는 것은 더 많은 것을 얻을 수 있는 찬스이기도 하다.

가져보지 않은 것을 가지려면 해보지 않은 것을 해야 한다.

퇴직 후, 하던 일을 계속할 수 있는 것이 가장 안정적이고
바람직한 경우지만 그럴 가능성은 얼마나 될까?

어떤 선택을 하든 '결정'은 자기 자신이 하는 것이지만
10년 內 지금 하는 일을 하지 않을 것 같고,
100세 시대를 은퇴 없이 평생 현역으로 살고 싶다면,
1,000만 원 이하 소자본 투자로 창업하고 싶다면,
퇴직 전에 준비할 수 있는 사업으로 1인 출판이 있다.

'나이가 50이 넘었는데 해보지 않은 일을 해도 되나.'
'돈은 벌고 싶은데 사는 날까지 꾸준히 돈이 벌리는 일인가.'
'출판업이 사양산업이라는데 망하면 어쩌나.'
'편집, 인쇄, 마케팅, 저자, 하나도 모르는데 출판해도 괜찮을까'
'지금도 연 3,000개 이상 출판사가 생겨나는 이유는 무엇'이고,
'1인 출판사 창업비용은 얼마나 드는 것일까….'

가져보지 않은 것을 가지려면
해보지 않은 것을 해야 하는 법.

퇴직을 5년 이상 앞둔 분들이나
퇴직 3년 차 이내의 분께 권하는 1인 출판 창업은
전공도, 업종도, 경력도, 남녀도 무관한 좋은 사업이다.

10년 전, 나이 50에 ISBN도 모르고 시작한 출판 사업

'10년만 해보자. 하다 보면 뭐라도 되겠지.'
필자의 경우이다. 딸내미 대학 보내려고 출판사 차리고
저자가 없어 책을 쓰기도 했다.
'배운 게 도둑질'이라고 광고인 출신이라 책 만드는 거나
인쇄물(광고, 카탈로그, 전단 등) 제작의 기본 경로(기획-편집-인쇄)를
알고 있으니 시작에 대한 두려움은 적었다고 볼 수 있다.

출판 경험이 없어 연 매출 500만 원도 채 못 되는 해도 있었지만
출판업을 하던 어느 날, 매출 1억 원을 넘기며
'1인 출판, 이거 괜찮네. 우습게 볼 게 아니네.'라는 확신이 든다.

수십 년 차 광고인이라도 출판을 하게 되면 모두 초보다.

언젠가 어느 분한테 이런 말씀을 들었다.
"당신은 광고인 출신이라 할 수 있는 거 아닙니까?"
1/10은 맞는 말이고 90%는 아니다.

광고인 출신이라 편집이나 인쇄, 광고 만드는 과정을 잘 알기에
출판에 쉽게 접근할 수 있었던 유리한 처지는 인정하지만
ISBN도 모르고 출판업을 시작했고,
잘 알려진 출판사가 아니라 찾아오는 저자도 없고,
어느 저자, 어떤 분야의 책을 내야
손익분기점을 넘기는지 모르고,
출판업 6년이 넘을 때까지 편집도 외주에 맡기다 보니
돈을 버는 게 아니라 은행빚, 카드빚만 늘고….

좌충우돌! 7년 차,
20여 종을 출간하며 든 자조 섞인 한마디.
'책이 안 팔리면 저자는 책이라도 남지만,
출판사는 빚만 남는구나.'

출판업을 시작하기 전에 인디자인을 먼저 배우세요.

출판을 해보면 알겠지만 웬만한 책은 500부 판매가 쉽지 않다.
1인 출판인 필자는 재택근무라 사무실 임대료도 없고
직원 월급이며 4대 보험료도 지급할 필요도 없지만
출간에 필요한 비용은 반드시 지급해야 하는데
인쇄에 드는 경비와 외주 용역(아웃소싱) 비용이다.
아웃소싱은 누군가에게 나의 일을 맡기는 것으로
인건비와 시간이 절약되는 긍정적인 측면이 있지만 외주 업체를
마음대로 통제할 수 없다는 결정적 단점(특히 시간)이 있다.

책 한 권 팔아야 남는 게 별로 없는데
인쇄에 들어가는 비용은 어쩔 수 없다 치고
외주 편집비를 줄이기 위해 인디자인을 배워, 편집을 직접 하니
지금은 저자 인세, 인쇄비 외에 지출 비용은 거의 없다. (매달
도서 유통 및 보관비의 지출이 있다.)
바꿔말하면 손익분기점 넘기기가 수월하다는 뜻이다.
외주 편집비를 지급하면서 출판업을 시작할 수 있겠지만
출판업을 하기로 했다면
인디자인을 배우는 것부터 해야 한다.

인디자인을 배우지 않고 출판을 하게 되면
출판업으로 돈 벌기가 쉽지 않다는 것을 알게 된다.

냉장고나 에어컨 고치는 기술,
자동차 수리하는 것도 기술이지만
인디자인은 당신을 '평생 현역으로 살게 할 고급 기술'이다.

출판사는 망하지 않는다.

35,626개(2010), 44,148개(2013), 53,574개(2016),
62,983개(2019), 75,324개(2022).
우리나라 출판사 수로 3년마다 만 단위의 숫자가 바뀔 만큼
출판사는 증가 추세에 있다.
그중 1년에 1종 이상을 출간하는 곳은 7,930개(12.6%),
무실적 출판사가 55,053개(87.4%)로 1~5종 출간이 8.9%,
6~10종은 1.5%이다. (KPIPA 출판산업 동향(2020년 상반기) 자료 참조 분석)

긍정적으로 말해서 1년에 7~8종을 출간하면
업계 종수 순위 1%대에 든다고 볼 수 있다.

출판사는 망하지 않는다.

출간이 끊겨 스스로 몰락의 길을 가지 않는 조건이다.

출판사 규모에 맞는 적정한 종수가 출간되는 한,

매출 차이는 있겠지만 망하지 않는다.

출간 종수가 늘수록 기본 수익은 더 커지는 구조이기 때문이다.

* 2022년 77,000여 개, 출간 종수: 65,000부/1년 《퍼블리싱 광고 마케팅》 175p 요약.

책 읽는 것을 좋아하지 않아도 출판업은 할 수 있고
노력할수록 운은 좋아진다.

책을 좋아한다는 이유만으로

출판사를 차려서는 안 된다.

책이 좋다면 그냥 '독자'로 있는 게 낫다.

출판사는 책을 만드는 곳이지

책을 읽는 곳은 아니기 때문이다.

출판사는 자신이 아닌 독자의 마음에 드는 책을 만들어

독자의 지갑을 열게 하는 상업적 행위로

감상적 접근은 곤란하다.

출판업은 가늘고 길게,
긴 호흡을 가지고 시작해야 한다.

1인 출판사 대표는
편집자이자 마케터,
경영자의 역할을 동시에 수행하는
다목적, 멀티 플레이어가 돼야 한다.

노력은 배신하는 법이 없다.
노력할수록 운은 좋아진다.

하늘은 스스로 돕는 자를 돕는다.
Heaven helps those who help themselves.

출판을 시작하고 10년쯤 된 어느 날,
다시 보게 된 이 격언이 이제 출판을 시작한 당신께
믿음이 되어 주길 바란다.

생각을 다듬어 준 매헌시민의 숲에서
흔들의자

[차례]

열 마리 토끼를 한꺼번에 잡는 방법

illusted by An, sanghee

당신이 1인 출판을 했을 때,
10년 후에 알게 되는 것 10가지

ft. 열 마리 토끼를 한꺼번에 잡는 방법

01. 적은 돈으로 시작할 수 있는 사업이다

02. 정년 없이 할 수 있는 일이다

03. 혼자서도 할 수 있는 일이다

04. 사람을 만날 수 있는 일이다

05. 꾸준히 돈을 벌 수 있는 일이다

06. 시간을 내 맘대로 쓸 수 있는 일이다

07. 지식이 늘어나는 일이다

08. 망하더라도 큰 손해가 없는 일이다

09. 대를 물려 줄 수도 있는 일이다

10. 가치 있는 일이다

'코끼리를 냉장고에 넣는 방법'이 있듯
열 마리 토끼를 한꺼번에 잡는 방법은
산과 들을 덮을 수 있는 그물 하나만 있으면 된다.

퇴직 전,
월급 받고 있을 때 시작하세요.
퇴직 후 30년,
책이 일하고 돈 벌게 해줍니다.

01. 적은 돈으로 시작할 수 있는 사업이다.

사업을 벌인다는 것은 업종에 따라 창업비가 천차만별입니다. 하지만 1인 출판은 가정집을 주소지로 사업장 신고가 가능한 '무점포 창업'이 되는 업종이며, 저렴하고 편리한 공유 오피스에서도 창업이 가능합니다. 일반적으로 투자 비용 1,000만 원 정도면 시작할 수 있습니다. (인디자인 프로그램 및 주변 기기 등 구매)

02. 정년 없이 할 수 있는 일이다.

사업을 하지 않는 이상, 자의든 타의든 퇴직은 남은 기간이 얼마냐의 문제로 하루하루가 지날수록 퇴직일은 다가오게 돼 있습니다. 하지만 1인 출판업을 하게 되면 정년 없이 일하면서 평생 현역으로 살 수 있습니다. 퇴직 후에 30년 더 일하는 방법으로 1인 출판이 있습니다. 퇴직 전에 시작하면 더 좋습니다.

03. 혼자서도 할 수 있는 일이다.

저자 만나는 일부터 기획, 글쓰기, 편집, 인쇄, 서점 배포, MD 미팅, 마케팅, 결재, 세금 신고… 언뜻 보면 이 많은 일을 혼자 할 수 있을까? 할 수도 있겠지만 그것은 '해보지 않은 일을 하는 것에서 오는 막막함'일 뿐, 막상 출판을 해보면 '혼자서도 얼마든지 할 수 있다'라는 것을 1종만 출간해도 알 수 있습니다.

04. 사람을 만날 수 있는 일이다.

퇴직을 하기 전에는 친구나 친척, 직장 동료나 협력 업체에서 만나 인연이 된 사람을 만나는 것이 대부분입니다. 하지만 출판 사업을 하게 되면 그동안 만나던 사람은 물론이거니와 새로운 사람, 즉 새로운 저자를 만나 그들의 삶과 경험을 배울 수 있습니다. 책을 만든다는 것은 새로운 사람을 만난다는 것과 같습니다.

05. 꾸준히 돈을 벌 수 있는 일이다.

사업의 최우선은 돈을 버는 목적이 아니면 아무 의미가 없습니다. 출판 사업은 경영자의 운영 방식에 따라 수익의 범위가 다를 수 있겠지만 오래전에 출간된 책도, 새로 나오는 신간도 모두 돈이 되는 구조로 되어 있습니다. 모든 사업이 그렇듯 처음이 힘들지 해가 바뀔수록 수익은 더 늘어 나는 구조입니다.

06. 시간을 내 맘대로 쓸 수 있는 일이다.

직장 생활은 출근 시간, 식사 시간, 업무 시간, 회의 시간, 퇴근 시간 등 정해진 시간에 맞춰야 불편한 일이 없습니다. 하지만 1인 출판은 남의 눈치 볼 것 없이 의지에 따라 일하는 시간, 운동 시간, 쉬는 시간 등 시간을 자기 맘대로 조정할 수 있습니다. 시간을 잘 쓴다는 것은 성공 인생의 조건이라는 걸 모르는 사람은 없습니다.

07. 지식이 늘어나는 일이다.

출판사업의 여러 장점 중에 손꼽는 것이 있다면 지식이 느는 것입니다. 문학, 예술, 인문, 경제, 경영, 의학, 역사, 상식, IT… 등 어느 분야의 책을 만들든 지식이 늘어날 수밖에 없습니다. 어느 저자와 연이 맺어질지 모르지만 전문 분야의 지식이 늘어나는 것은 출판사업이 갖게 되는 또 하나의 기쁨입니다.

08. 망하더라도 큰 손해가 없는 일이다.

직원 없이 집에서 창업하면 프로그램 구매비, 컴퓨터 주변 기기, 전화, FAX 등 작업에 꼭 필요한 집기나 기기 외에 큰돈이 투자되는 사업이 아닙니다. 책마다 다르겠지만 욕심(인쇄, 홍보비 지출 등)을 부리지 않으면 크게 망할 일도 없습니다. 1,000만 원 이하 투자로 할 수 있는 사업이 얼마나 있겠습니까?

09. 대를 물려 줄 수도 있는 일이다.

집에서 1인 출판을 하면 일하는 모습을 가족이 보게 됩니다. 그러면 자연스럽게 책 얘기도 하게 되며, 사업경력이 쌓여 출간된 책이 쌓여 20종 넘다 보면 자녀에게 출판업을 물려주어도 되겠다는 생각이 들게 돼 있습니다. 물론 자녀가 원할 때이지만 특히 좋은 것은 부부가 함께 1인 출판을 해도 되는 것입니다. 아내는 편집하고 남편은 기획하고(아니면 남편은 편집하고 아내는 교정보고) …. 몰라서 그렇지, 부부가 함께하는 1인 출판사도 꽤 많습니다.

10. 가치 있는 일이다.

출판업은 '문화 사업'입니다. 적은 투자 비용으로 시작해서 퇴직 후에도 가치 있는 사업을 하면서 돈도 벌 수 있는 일입니다. 퇴직 후에 누구를 만나더라도 출판사 대표 명함을 제시할 수 있습니다. 또한 출판업을 하면 '혼자만의 시간'을 즐기게 되어 '사유하고 사색하는 사람'이 되기도 합니다.

이 외에도 1인 출판의 좋은 점이 많습니다. (머리와 손을 쓰는 일이니까 치매에 걸릴 염려도 적고, 남들 잠든 시간이나 휴일에도 돈이 벌리는 일이고. 소상공인 저금리 융자 혜택… 등 찾아보면 많습니다) 상상해 보세요. 더울 때는 에어컨 밑에서 일하고, 추울 때는 히터 옆에서 일할 수 있다는 것. 이거 좋은 거 아닌가요?

제1장

책은 어떻게 만들어지나
& 511 출간 전략

복잡한 것은 단순한 것들의 결합이다

퍼즐을 완성하는 것이나
책을 출간하는 것은
단순한 과정의 반복이다.

일당백!
저자를 만나고,
책의 콘셉트를 기획하고 편집,
마케팅, 인쇄, 서점 배포까지
언뜻 많아 보이지만
보통의 1인 출판사는
혼자 그것을 다 해낸다.

해보지 않아서 그렇지
1, 2종 출간해보면
'할만하다'는 자신감을 갖게 된다.

YES. YOU CAN DO IT.

이 책을 쓰게 된 동기는
어느 날, 지인들에게 카톡을 보내게 된
그것으로부터 시작되었다.

책이 어떻게 만들어지고
저자가 어떻게 만나지는가에 앞서
이 세 편의 광고를 먼저 보십시오.

누군들 쉽게 돈 벌고 싶지 않겠습니까!

10년 전, 나이 50.
ISBN도 모르고 250만 원으로 시작한 1인 출판.
내로라할 베스트셀러 없이 60여 종 출간으로
1억 대의 매출을 올리는 흔들의자.

저자 없는 출판사는 밀가루 반죽이란 설레발을 치고 다니며
스무 살 저자부터 교수, 박사, 아나운서, 변호사, 교사, 프리랜서,
피아니스트, 한의사, 은행지점장, 고위공직자까지….

90여 저자는 어떻게 만나지고 찾아오는지
어떻게 운영해야 빚이 늘지 않는지
반드시 뭘 해야 제작비를 줄일 수 있는지
도대체 뭘 했기에 연 100건 넘는 출간 의뢰가 오는지
어떤 결정이 한 달 안에 바로 BEP를 넘기는지….

유익하고 재미난 에피소드와 함께
엔돌핀, 다이돌핀 팡팡 분비되는 이야기로
일하는 즐거움, 돈 버는 즐거움,
평생 현역으로 사는 방법을 알려드리겠습니다.

'나를 다 쓰고 죽자'는 마음으로 10년!
지천명을 살면서 돈도 없고 빽도 없다면
이렇다 할 대책 없이 앞날이 막막하다면 마음 다 비우고 오십시오.
그 마음 꿈과 신념으로 가득 채워 드리겠습니다.

10 People Only. See you in there.

좋은 책을 만드는 것은 선행이다
도서출판 흔들의자

몰라서 그렇지 1인 출판사만큼
좋은 사업 아이템도 없습니다.

퇴직까지 얼마의 기간이 남았나요?
퇴직 후 무엇을 하며 살아야 할지 계획은 있으신가요?
지금이야 때가 되면 또박또박 월급이 나오겠지만
자의든 타의든 퇴직 후 삶, 30~50년.
퇴직 후 얼마 동안은 열심히 살아 온 지난날의 보상이라며
맘 놓고 하고 싶었던 등산도 낚시도 하고
몇 년을 작정하고 쉬어보겠지만 그래봤자 3년이면 보상 끝!

문제는 내일 아침에 '할 일이 없을 거라는 거'
'준비 없이 맞은 정년이 후회스럽다는 거' 아닐까요?

당신의 나이가 50이거나 50대라면
은퇴 후 무엇을 하고 살지 막막하다면
모아 놓은 돈도 없고 마땅한 빽도 없다면
1인 출판 사업을 준비해보세요.

1,000만 원 이하 투자로 문화사업도 하고,
큰돈은 아니더라도 일하는 기쁨,
평생 돈 버는 즐거움을 알려드립니다.

10분에게만 드리는 한 번뿐인 찬스!
몰라서 그렇지 1인 출판사만큼
좋은 사업 아이템도 없습니다.
이제 다섯 자리 남았습니다.

좋은 책을 만드는 것은 선행이다
도서출판 흔들의자

좋은 책을 만드는 것도 선행이고
좋은 사업 아이템을 알려 주는 것도 선행이다.

ISBN 모르고 저자 없이
자본금 250만 원으로 시작한 출판 10년.
연 매출 500만 원 넘기도 버거운 때도 있었지만
억대 매출을 올리고 있는 흔들의자.

퇴직을 앞둔 50대 중장년이나
퇴직한 지 5년 넘지 않은 분께
소자본으로 시작하기 좋은 1인 출판 창업 강의를 합니다.

은퇴 후 무엇을 하고 살지 막연하다면
10년 內 지금 하는 일을 하지 않을 것 같다면
출판의 무한 경쟁력이 무엇인지 알고 싶다면

퇴직 전에 든든한 미래 대책도 준비하고
1,000만 원 이하 적은 투자로 문화 사업도 하고
은퇴 없이 영원한 현역으로 살고 싶다면
토요일 강남역 토즈로 오십시오.
1인 출판의 A~Z까지
다 알려드리겠습니다.

가져보지 않은 것을 가지려면
해보지 않은 것을 해야 하는 법.
몰라서 그렇지 1인 출판사만큼
좋은 사업도 없습니다.

좋은 책을 만드는 것은 선행이다
도서출판 흔들의자

강의 신청자분들께
'1인 출판, 무엇이 궁금한가요.'라고
구글폼으로 물었더니…

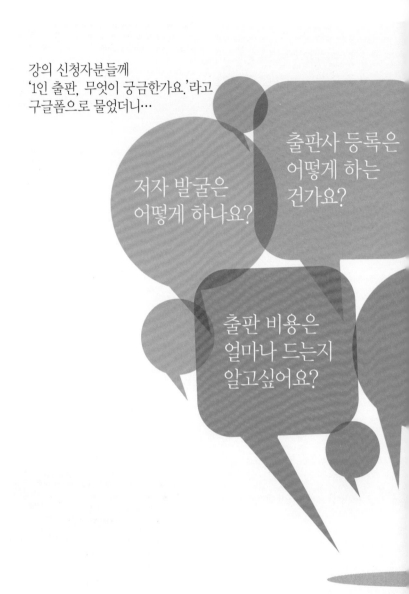

출판사 등록은
어떻게 하는
건가요?

저자 발굴은
어떻게 하나요?

출판 비용은
얼마나 드는지
알고싶어요?

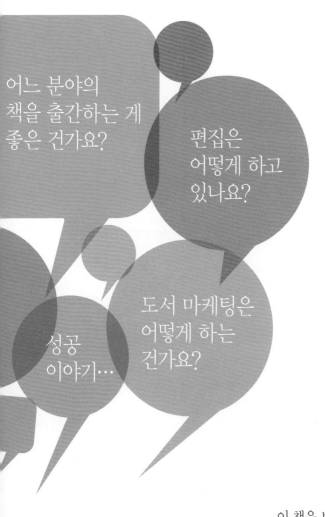

어느 분야의
책을 출간하는 게
좋은 건가요?

편집은
어떻게 하고
있나요?

성공
이야기…

도서 마케팅은
어떻게 하는
건가요?

이 책을 보는 분들도
아마 거의 비슷한 것을 물었을 거예요

출판 초심자를 위한 프로세스 미리보기

출간 원고가 준비된 저자를 만나 6~8주 정도면 책으로 나옵니다.

저자

- 본인
- 가족
- 친구, 지인, 친지
- 소개
- 선 · 후배
- 각종 모임
  (산악회, 취미…)

기획

어떤 책(출간분야)
- 자기 경험
- 자서전
- 실용서
- 경제 · 경영
- 자기계발
- 시집
- 여행
- 소설
- 요리
- 명언
- 어린이
- 대학교재
- 외국어…

편집

- 인디자인 필수
- 포토샵(기초)
- 일러스트(기초)
- 종이책 vs eBook

한 권이 책이 독자의 손에 쥐어지기까지의 경로는 저자 원고 집필 → 편집자의 원고 검토 → 계약 → 편집자의 편집 기획과 제작 진행 → 마케팅 계획 수립 → 인쇄 → 창고 배본 유통 → 서점 → 독자의 순이다. 1인 출판사 대부분은 마지막에 있는 독자를 제외하고 전 과정을 혼자 관리하고 진행하는 것이 보통이며 저자 인세 지급(3.3% 공제), 인쇄비 지급 및 세금 신고 업무까지 해야 하지만 과정만 많지 1종만 출간해보면 혼자서도 다 할 수 있다는 것을 알게 된다.

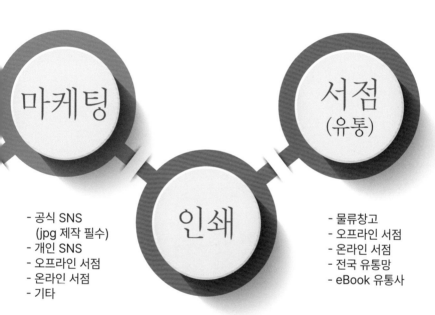

마케팅

- 공식 SNS
  (jpg 제작 필수)
- 개인 SNS
- 오프라인 서점
- 온라인 서점
- 기타

인쇄

- 인쇄(칼라/흑백/별색)
- 제본(무선 제본/양장)
- 표지 라미네이팅
- 에폭시 등 후가공

서점
(유통)

- 물류창고
- 오프라인 서점
- 온라인 서점
- 전국 유통망
- eBook 유통사

01
저자

저자로 만날 수 있는 사람은 많다.

이 책에 관심을 두고 보는 사람은 주로 퇴직을 맞게 될 직장인으로, 나이로 보면 사오십 대에 계신 분들이겠지만 고등학교든 대학교든 학창 시절을 보냈을 것이다. 또한 직업을 갖고 결혼도 하고(비혼자도 있겠지만) 자녀를 갖고 성실히 직장생활을 한 결과로 회사 내에서도 중견 간부의 지위나 관리자의 위치에 있을 것이다. 하지만 사업을 하지 않는 이상, 자의든 타의든 10년 내로 '퇴직'이라는 예정된 순서를 밟게 될 것이고, 지금 우리는 퇴직 후에도 평생 현역으로 살 수 있는 1인 출판을 알아가고 있다.

'1인 출판을 해볼까?' 했을 때, 먼저 닥치는 문제가 '저자의 부재'이다. '저자를 어떻게 만날 것인가'에서부터 벽에 부딪힐 수밖에 없다. 1인 출판을 하리라곤 전혀 생각도 안 하고 관심 또한 없었는데 '저자가 없는데 출판이 되나?'란 난제에 봉착할 수밖에 없다.

하지만 생각해보면 저자를 만날 방법은 많다. 첫 번째로 본인 자신이 저자가 되는 방법이 있으며 실제로 1인 출판의 경우 자신이 쓴 책이 첫 책인 경우도 많다.

자신이 회사에서 쌓은 경험이나 시, 수필, 여행기 등 자유 의지로 첫 책은 출간될 수 있지만 어떤 분야를 쓰든 책이 팔릴 거라는 생각(베스트셀러 같은 거)은 아예 접어 두는 게 올바른 시작이다. 가까운 사람 외에는 당신의 인생에 관심이 없기 때문이다.

운이 좋아서 뜻밖의 좋은 결과로 시작부터 순항할 수 있겠지만 그 역시 기대하지 않고 첫 책을 출간해 보는 것이 신상에도 이롭고 마음의 상처를 덜 받는 일이다.

하지만 출판사를 하기로 했다면, 자신이 저자가 될 수도 있다는 긍정적이며 합당한 가능성에 길을 열어 두어야 하며, 그렇게 되면 첫 책은 만들어질 수 있다.

예를 들면 50년을 살아온 이야기나 자기 분야 경험 이야기. 동종 업계의 후배에게 하고 싶은 전문 분야의 노하우, 가족이나 자녀에게 해주고 싶은 삶의 지혜나 처세도 있고, 어릴 적 꿈이었던 시집을 출간할 수도, 소설가가 꿈이었다면 그 꿈을 자기가 실현하면 되는 등 찾아보면 출간 분야도 소재도 많다고 할 수 있다.

두 번째로 찾아볼 수 있는 저자는 가족이나 친지이다.
우리에게는 1년에 두 번의 큰 명절, 설날과 추석이 있다. 시대가 변해 온라인으로 차례를 지내는 일도 있지만 명절이 되면 서로 오랜만에 만나 근황을 자연스럽게 묻고 듣는다. 이때 출판사 대표 명함을 주면서 '1인 출판'으로 '평생 현역으로 사는 길을 정했다.'고 알리는 것도 좋은 방법이다. 누구를 만나든 '출판업을 한다.'라는 사실을 각인시켜 주어야 하는 것은 중요하다.

새로 이사한 동네에 세탁소가 어디 있는지, 철물점이 어디 있는지 아는데도 시간이 필요한 법이다. '출판을 하고 있다.'라는 인식을 주는 데 시간이 필요한 것은 당연하며 그중에 누군가는 당신이 운영하는 출판사에 저자가 될 수도 있다.

세 번째로 친구나 학교 선·후배이다.

오랜만에 만나거나 안부를 주고받을 경우가 생길 때, '1인 출판을 한다.'라고 알리는 것은 중요한 마케팅 행위이다. 출간된 책이 없더라도 '출판업을 한다'는 사실을 알려 주는 것이 저자를 만나게 되는 방법이다. 직장 생활 중이라면 주위의 동료와 함께 공저를 기획하는 것도 첫 책이 나올 가능성이다.

이 외에도 저자를 만날 수 있는 경로는 많다.

종교가 있다면 절이나 교회, 성당에 함께 다니는 신도도 저자로 만날 수 있다는 생각을 가져야 한다. 각종 모임이나 동호회(산악회, 취미활동 등)에서도 저자가 나올 가능성은 큰데 이는 '사람이 있는 곳에 저자가 있다.'라는 뜻으로 받아들이면 된다.

목적을 가지고 사람을 만나는 것은 좋지 않지만 자연스러운 만남에서 '출판을 하고 있다.'라고 알리는 것은 훗날 저자를 잡게(?) 되는 그물을 쳐 놓는 것과 같다.

필자의 경우를 보면 페이스북 친구로 책을 내기도 하고, 이종사촌 매형이 저자가 되기도 하고, 어느 모임에서 만난 것이 계기가 되어 출간하기도 했다.

출판에 관해 경험이 없어서, 저자를 어떻게 만나야 하는지 몰라서, '저자가 없다!'고 움츠릴 이유도 없고 겁먹을 필요도 없다.

찾아보지 않아서 그렇지 당신이 출판을 한다는 것을 몰라서 그렇지 저자로 만날 수 있는 사람은 많고 시간도 넉넉하다.

02
기획

저자가 될 사람은 많고 사람이 콘텐츠다.

처음으로 '어떤 내용의 책을 출간할 것인가'에 대한 고민은 최소 다섯 종을 출간하기 전까지는 접어 두라고 우선 말하고 싶다.

출판에 대해 아는 것도 없고, 출판사를 다니다가 창업을 해도 만 만치 않은 것이 출판 사업이다. 하물며 출판에 대한 경험이 전혀 없는데 첫 출판으로 소위 '대박'을 낼 생각을 가지고 출판을 시작 한다면 미안한 마음이지만 그런 일은 있지도 않았고 앞으로도 그 럴 가능성은 없다.

어떤 책을 출간할 것인가. 어떤 책이 돈을 벌어 줄 것인가. 어떤 책이 '독자의 삶에 이바지할 것인가'를 논하기에 앞서 당신은 아직 '아는 것보다 모르는 것'이 더 많다.

책이 만들어지는 일련의 과정에 이제 두 번째 순서(① 저자 → ② 기획)를 읽을 뿐이다. 간혹 ①과 ②의 순서가 바뀌어 '출간 기획'을 먼저 한 상태에서 저자를 찾아 글을 써달라 의뢰하기도 하지만('기획 출판'이라 한다.) 보통은 저자가 먼저이고 그 저자가 쓴 콘텐츠가 책으로 나온다.

앞서 말한 첫 번째 출간은 '자기 자신이 콘텐츠'가 된 경우이다. 본인의 경험(직장생활의 노하우, 전문 분야 경험, 혹은 자서전 등)이 유일한 콘텐츠로 출간되는 경우며 그것은 자기 경쟁력이다.

얼마만큼의 양을 써야 할지 정해진 바는 없으나 일반적으로 '아래아 한글' 디폴트 값(10pt, 행간 160)으로 90매~100매 분량의 원고이면 250 페이지 내외의 책이 되는데 이는 당신의 책꽂이에 있는 책 두께와 별반 차이가 없을 것이다.

경험에 비추어 볼 때, 유명인이 아니라면 자서전적 이야기보다는 실용서가 손익분기점을 넘길 가능성이 크다.

경험을 글로 나누는 책이 실용서이다. 실용서는 현실에 직접적으로 도움이 되는 책이다. 부동산 투자나 주식, 돈 공부 등 주로 '돈 버는 방법을 알려 주는 책'으로 인식이 돼 있지만 꼭 그런 것은 아니다. 골프 잘 치는 법, 잘 먹으면서 다이어트 하는 법, 블로그 잘 만들기, 빵 맛있게 굽는 법, 반찬 후다닥 만드는 방법, 대바늘 뜨개질 수업 등도 모두 실용서이다.

글 쓰는 법을 알려 주는 책 또한 실용서라 할 수 있다. 최근 3년 간 글쓰기에 관한 책은 756종(연 252종), 책 쓰기는 225종(연 75종)이 출간되었다. 또한 2022년은 NFT 열풍으로 그에 관한 책만 총 113종이 출간되었는데 모두 실용 서적인 것이다. 아울러 2023년은 '챗GPT의 해'라고 해도 과언이 아닌데 한 해 동안 발행된 도서만 298종으로 책은 새로운 시대를 예고하는 선봉자의 역할을 한다.

실용서는 말 그대로 실용적인 책, 독자가 바로 실생활이나 현장에서 활용할 수 있는 책이다. 실용서는 '독자의 삶과 생활에 기여'하기에 첫 책으로 실용서를 낼 수 있다면 출판에 첫발을 내딛는 것으로는 칭찬받을 일이며, 순조로운 출발임을 먼저 축하드린다.

실용서를 본인의 경우뿐만 아니라 앞서 저자를 만나게 되는 여러 가지 경우의 수에 모두 접목하면, 저자도 늘어나게 되고 콘텐츠의 수도 다양하고 이야깃거리도 무궁무진하다. 자신 외에 가족, 친지, 친구, 모임에 있는 사람마다 하는 일도 생각도 경험도 다르니 각각의 그것은 하나의 '콘텐츠'가 되기 때문이다.

실용서 출간이 손익분기점을 넘기는데 유리한 점은 있지만, 반드시 실용서를 첫 책으로 내야 한다는 부담은 갖지 않는 것이 좋다. 첫 책으로 실용서를 발간하지 못했더라도 출간 경험이 좀 쌓인 후에 내면 되는 것이다. 지금 알고 있는 인연들이 몇 년이 지났다고 쉽게 없어지지 않는 이유도 있으니 말이다.

스마트폰을 꺼내 저장된 사람을 한 사람씩 생각해보시라. 시를 쓰는 사람도 있고, 여행을 즐기는 사람, 요리에 재주가 있는 사람, 주식이나 암호화폐로 돈 버는 노하우가 있는 사람, IT 분야에서 괄목할만한 성과를 낸 사람, 글 쓰는 재주가 있는 사람, 헬스나 걷기 예찬론자 … 등. 한 사람, 한 사람의 장점이나 차별화된 삶의 흔적이 보일 것이다. 그것은 하나의 콘텐츠가 될 수 있다.

다음에 나오는 글은 3월 출간된 《책쓰기 AI가 묻고 인간이 답하다》에 필자가 쓴 내용이다. 출판에서 중요한 네 가지 사항을 염두에 두고 한 사람씩 접목해 보는 것도 좋을 것 같다는 생각이다.

지금은 참여할 자격을 잃었지만, 교보문고 광화문점에서 작은 출판사를 대상으로 매달 시행하던 이벤트가 있었다. 이름하여 '출판사 신간 발표회'. 30종 미만을 출간한 출판사가 그 프레젠테이션에 참여할 수 있는 자격이 된다. 3분 동안 출판사의 신간을 소개하는데, 부상으로 교보문고 중앙복도에 1개월간 진열해주는 조건이다. (실제로 교보문고 중앙복도에 수북이 쌓아 놓고 1개월 광고하는 비용은 수백만 원이다) 보통 30여 내외의 출판사가 참여하고 심사는 교보문고 분야 담당 직원과 그곳에 참여한 출판사의 점수를 합산하여 총 10종을 선정한다.

교보문고 신간 발표 PT의 심사 요건은 네 가지는 주제성, 차별성, 대중성 그리고 타깃성이다. 200~300 페이지 분량의 책을 3분이라는 짧은 시간 내에 전문가들 앞에서 설명하기란 쉽지 않다. 아마도 출판사에 출간기획서를 보내는 초보 저자의 입장이나 전문가들 앞에서 프레젠테이션하는 '마음 떨림'의 크기는 더 컸으면 컸지, 적지는 않았을 것이다.

작가가 되고 싶다면 출판사에 원고를 보내기 전에, 아니 그보다 먼저 책 쓰기 전, 기획 단계부터 네 가지 사항을 우선으로 고려해서 원고를 집필해 나가기를 권한다.

1. 주제성: 당신의 책은 어떤 책이고 무슨 내용을 담고 있는지가 명확해야 한다.

2. 차별성: 당신이 쓰고자 하는 책이 이미 발행된 책과 다른 점이 무엇이지 잘 표현되어야 한다.

3. 대중성: 당신의 책이 보다 많은 독자에게 읽힐 수 있는 전략적인 성격을 가져야 한다.

4. 타깃성: 당신이 쓰는 이 책은 누구를 위한 책인가, 누가 이 책을 읽어야 하는가 등이다.

이 네 가지 조건은 기획 단계부터 반드시 적용해야 하며, 글쓰기에 돌입할 때, 출판사에 '출간기획서'를 보낼 때도 그것이 잘 표현되어야 출판사도 관심과 흥미를 느끼고 원고를 검토한다.

휴대폰에 저장된 사람 한 명 한 명이 콘텐츠가 될 수 있다. 그동안 출판에 관심을 두지 않아 스쳐 지나쳤겠지만, 서점 천정에 붙어 있는 푯말! 그것이 분야(경제 · 경영, 자기 계발, 에세이, 여행, 소설, 요리, 사회, 건강, 외국어, 대학 교재, 예술…)로 출간 기획은 저자에 따라 달라질 수밖에 없다.

출간 기획서를 보고 출간을 결정하는 것은 출판의 경험이 어느 정도 쌓인 다음에 보이는 것으로 처음부터 알 수 없다. 다만 출간의 가능성이 있는 저자를 만나거나 출간 의사를 가진 저자를 만나게 될 경우가 있다면 먼저 서점에 들러 그 분야의 어떤 책이 나와 있는지 살펴보아야 한다. 여건이 안 된다면 온라인 서점에서라도 그 분야의 책을 검토하고 목차의 흐름을 이해하고 만나는 것이 좋다.

필자의 경우, 저자를 처음으로 만나게 될 때 주로 오프라인 서점, 출간 분야 코너(경영, 에세이, 소설 등)에서 의도적으로 만난다. 기존에 나온 책들과 새로 출간될 책에 관해 이야기하다 보면 자연스럽게 대화가 이어지고 상대(저자)의 취향이나 의향을 미리 알아볼 수 있기 때문이다. (저자가 선호하는 표지 이미지, 본문 편집 등 책에 관한 이야기 등 대화를 할 수 있다는 장점이 있다.)

03
편집

손익분기점을 빨리 넘기는 방법이 있다.

이 책은 책을 만들어 본 경험도 없고, 출판에 관심도 없던 분들
이 볼 거라는 전제하에 이야기가 진행되고 있다. 저자를 만날 수
있는 여러 경우와 저자에 따라 책의 콘텐츠가 다르게 나올 수 있
다고 이해되지만, 책이 출간되기까지 처음으로 겪게 될 여러 부담
중에 반드시 거쳐야 할 필수 과정이 있다면 '편집'이다.

다시 처음으로 돌아가 당신은 출판에 대해 전혀 모르며 단지
'퇴직 후 무엇을 하고 살 것인가'라는 압박감과 기대감으로 '1인

출판'이 무엇인지 알아보고 있는 것이다. 퇴직 후에 남은 인생을 어떻게 살아 낼 것인가에 호기심으로 책장을 넘기며 '자신이 해야 할 일'을 접목해 보려는 노력까지 하는 것이다.

퇴직이 5년 남았든 아니든, 그 이상이든 이하든 그것은 중요하지 않다. 하지만 '출판업을 해야겠다고 관심을 두었다면!' 편집을 반드시 배워야 한다. **(MUST DO IT!)**

퇴직 후에도 일하며 평생을 현역으로 살아가고 싶다면 편집 기술인 '인디자인 InDesign'을 반드시 배우고 익혀야 하며, 그것은 1인 출판사의 절대적 '생존 기술'이다. (당신이 처음 컴퓨터를 배울 때와 같이 그리 어려운 일이 아님을 분명히 밝혀둔다.)

운 좋게도 당신은 직장 생활하면서 '퇴직 후 어떻게 살 것인가'에 대한 준비를 하고 있고 출판을 시작하려 한다. 당신은 운 좋게도 아직 퇴직하지 않았을뿐더러 퇴직까지의 시간은 아직 남아 있다. 더 다행인 것은 다니는 회사에서 많든 적든 '월급'을 받고 있다. 야박한 소리 같지만 다니는 회사가 경영에 어려움을 겪어도 월급은 나온다.

직장 생활이란 월급 받으며 '사장 연습'을 하는 곳이라 생각하면 마음이 여유로워진다. 퇴직 후에 직장에서 습득된 경험이 '자기 사업'이 되면 좋겠지만, 회사마다 규모나 조직, 설비, 하는 일에 차이가 있어 '자기 사업'으로 이어지기는 쉽지 않다.

퇴직 후 가장 좋은 경우의 수는 직장 생활에서 얻은 모든 경험을 내 사업으로 발전·확장하는 것이다. 하지만 다니던 직장만큼의 규모로 하기엔 자금 여력 등 문제점이 있으며 위험도 따를 수 있다. 직장 생활하고 있을 때, 회사에서 월급이 꼬박꼬박 나오는 지금이 퇴직 후 남아 있는 30년 삶을 위해 기술을 익힐 때이다. 어려서부터 들었던 '기술을 가져야 한다'라는 말의 유효기간이 남았다면 나이 더 먹기 전, 지금부터 '생존 기술'을 익히면 된다.

필자는 10종의 책이 나오고 나서야 '인디자인'을 유튜브로 배우기 시작했다. 배움엔 끝이 없다는 말을 굳이 인용하지 않아도 그때부터 습득된 기술을 잘 활용하는데 가끔 다른 1인 출판사의 책을 편집해주는 알바도 하며 수입을 늘린다. (당신의 실력이 어느 정도 경지에 오르면 그동안 다녔던 회사의 홍보물 제작─처음에는 명함을 새로 만들어 제시하는 것부터 카탈로그, 브로슈어, 전단 등─돈이 벌리는 아르바이트도 얼마든지 할 수 있다.)

책을 만드는 과정은 단순하다. 기획, 편집, 인쇄, 그리고 서점에 배포하는 단순한 과정의 반복인데 그 과정에서 비용이 발생하며, 초판 1,000부 경우 인쇄비가 가장 많이 들고, 편집 비용, 저자 인세 순이다. (편집 비용이 더 많이 드는 경우도 많음.)

보통 1,000부 기준으로 300만 원 내외의 인쇄비, 외주 편집비는 250~350만 원, 책값이 15,000일 경우 인세(10%)는 150만 원이다. 책의 규격이나 페이지, 본문이 칼라인가 흑백, 별색 2도냐에 따라 조금 다르기는 하지만 책꽂이에 있는 보통의 책 크기(신국판 152mm x 225mm)와 페이지 두께(250~260p 내외)를 말하는 것이다.

지금 우리는 그 많은 사업 중에 '1인 기업, 1인 출판'을 알아가고 있다. 사업의 목적은 돈을 버는 것이다. 돈을 받기만 했던 직장 생활과는 다르게 사업이란 '나의 돈을 남에게 주는 것'이며 '이윤으로 사는 것'이다. 자선 사업이 아닌 이상, 이윤이 남지 않는 사업은 의미가 없고 출판은 문화 사업으로 그럴듯하게 포장된 '돈을 버는 목적'을 지닌 사업이다.

이윤을 남기기 위해선 먼저 제품의 생산 원가를 줄여야 한다.

출판도 여느 사업과 마찬가지이다.

고정비용을 줄일 수 있다면 그 해법을 찾아야 한다.

두 번째로 돈이 많이 들어가는 과정이 편집비인데

그것을 줄일 생각은 하는 것은 당연한 것 아닌가.

이 책을 보는 사람 중에는

퇴직까지 5년 이상 남아 있는 분도 있을 것이다.

(배우려는 의지만 있으면 3개월이면 충분하다.)

하루 30분씩 유튜브 보고 배우고 숙달될 때까지 연습하라.

지금부터 퇴직 전에 하는 수고,

'인디자인 편집' 기술 습득이

퇴직 후 30년, 돈을 벌게 해줄 것이다.

손익분기점을 가장 빨리 넘기는 방법은

스스로 편집하는 것이다.

여름에는 시원한 에어컨 밑에서

겨울에는 히터 옆에서

내 맘대로 일하면서 돈 벌 수 있다.

나이 들어 이보다 좋은 일이 얼마나 있겠는가!

**04
마케팅**

돈 들이지 않고 할 수 있는 마케팅 방법

한마디로 마케팅이란 '결국 다 돈'이다. 돈이 적게 들려면 자신이 직접 하는 수밖에 뾰족한 방법은 없는데 개인이 할 수 있는 최고의 방법인 SNS가 있어 다행이다.

출판을 하기로 한 이상, 출판사 블로그 개설은 필수이다. 새 책이 나올 때마다 그 책과 관련된 포스팅을 해야 하며 카톡이나 단체 톡방에도 출간을 알려야 한다. 유튜브를 이용해서 책을 홍보하는 것도 좋은 방법이다. 무엇을 하든 꾸준하게 지속하지 않으면 아무 소용이 없다.

SNS를 운영하기 위해서는 다른 출판사의 사이트를 먼저 연구하고 참조하고 응용해서 '자신만의 출판사'로 만들면 된다. 처음부터 현재의 위치까지 오른 출판사는 없다. 무슨 사업이든 모두 '처음의 과정'을 거쳤다.

블로그 개설하고, 페이스북, 개인톡, 단톡방에 새 책을 알리려면 어떤 식으로든 그림으로 돼 있는 것을 보여 주어야 한다. 책을 만드는 것이나 광고, 홍보용 JPG 그림 만드는 것 모두 방법은 같다. 전부 인디자인으로 만들면 된다.

다만 광고 · 홍보용 그림은 적당한 크기에 전하고 싶은 메시지를 담아야 하는데 '광고'는 하루아침에 되는 것은 아니라 어느 정도 경험이 쌓일수록 쉽게 만들 수 있으므로 직장생활을 하는 동안 관심을 두고 만들어 가면 된다.

마케팅은 '노출의 효과'를 얼마나 볼 것이냐의 문제인데 노출은 결국 마케팅 비용이라 출판을 처음 하는 당신께 권장하고 싶지 않다. 돈 들이지 않고 필자가 하는 마케팅 방법이 있다.

예를 들면, 새해나 연말, 추석 때 가까운 사람에게 안부 인사를 보낼 때, 글로써 보내는 것보다는 자기만의 인사말이나 전하고 싶은 내용을 그림과 함께 만들어 보내는 것이다. 이 방법을 10년 넘게 하는데 새로운 저자를 만나거나, 저자를 소개받는데 이만한 방법이 없다. 표현이 좋고 안 좋고는 중요하지 않다. 때가 되면 잊지 않고 성실히 할 수 있는지가 중요하다. (112p~123p 참조)

앞서 마케팅을 '한 마디로 돈'이라고 말한 이유가 있다. 개인적인 SNS 활동은 돈 들이지 않고 시간을 투자해서 하는 거지만 새 책이 대중에게 더 많이 노출되려면 '유료 광고' 밖에 없다.

필자도 출판업 초기에 페이스북에 유료 광고도 하고 온라인 서점 검색창에 수백만 원을 들여 광고도 하고 서점 매대에 책을 수북이 쌓아 보기도 했다. 하지만 결론은 투자 비용을 반도 회수하지 못했다. 쉬운 말로 '본전치기도 안 되는 짓'이었기에 지금은 별도의 홍보비를 써 가며 광고하지 않는다.

다만 인스타그램에 광고를 하긴 하는데 큰 비용을 쓰진 않는다. 돈을 쓴 만큼 수익이 있으면 더 하겠지만 광고비를 쓰면 쓸수록 빚이 는다. 그 이유 중에는 저자가 유명하지 않은 까닭도 있다.

또한 마케팅 행위로 서평 이벤트며, 독서 모임에 협찬도 하고 서점에서 저자 사인회를 하거나 북콘서트를 개최하지만, 그마저도 투자 비용(장소 임대, 현수막 제작, 배너 제작 등)을 회수 하기가 쉽지 않다.

하여, 돈 들이지 않고 할 수 있는 마케팅 활동에 집중한다. 네이버 공식 포스트나 블로그, 개인톡, 단톡방에 올리는 것에 충실히 하고 있다. 해보지 않은 일이니까 어려운 것이고 부담이 되는 것이다. 처음부터 잘하는 사람이 어디 있겠는가. 책이 출간되기까지 해야 할 일이 많은데 각각의 분야를 전문적으로 다 잘해 내려면 분야마다 전문가(기획, 편집, 영업 마케팅)를 동원해야 한다.

1인 출판사의 대표는 혼자서 여러 일을 해내는 멀티 플레이어가 되어야 한다. 하나부터 열까지 하는 일마다 사람을 동원해야 한다는 것은 '남의 손을 빌린다.'라는 것이다. 남의 손은 공짜로 쓸 수 없는 돈이 드는 행위로 그렇게 하려면 '1인 출판'은 시작하지 않는 게 좋다.

이 책은 저자를 만나는 것부터 기획, 편집, 마케팅, 인쇄, 서점 유통, 세금 신고까지 모두 혼자서 할 수 있는 '1인 기업'을 말하고 있다. 이 책을 덮을 때쯤이면 출판의 전 과정을 혼자서 할 수 있다는 확신을 하게 하는 데 목적을 두고 있다.

아무런 준비 없이 퇴직을 맞는 사람이 주변에 많다. 필자의 주변도 60% 이상은 '준비 없이 맞은 퇴직자'들이다. 적어도 이 책을 보는 사람은 무엇을 하든 간에 '준비된 퇴직자'가 되길 바란다.

평생 쓸모있는 기술을 가져야 한다. 퇴직 후에도 30년은 더 할 수 있는 일을 염두에 두고 평생 돈벌이가 되는 일을 준비해야 한다. 정년이 되어 맞는 퇴직이야 어쩔 수 없는 거지만 퇴직 후에도 일을 통한 성취감을 느끼며 살아야 한다. 노년이 되어도 꾸준히 돈을 벌수 있는 일을 퇴직 전에 준비해야 한다. 평생 현역으로 일하는 시스템을 준비하는 것이 퇴직 후, '남은 인생'을 위해 해야 할 일이다.

05
인쇄

믿을만한 인쇄소 한 군데만 있으면 인쇄 걱정 끝!

전자책(eBook)으로 출간하지 않는 이상 책은 인쇄와 제본의 과정을 거쳐야 판매할 수 있는 상품이 된다. 인쇄도 여러 종류(흑백, 칼라, 오프셋…)가 있고 종이 재질도 여러 가지가 있다.

일반적으로 책 표지는 수십 종의 종류 중에서 2~3개 정도의 종이를 많이 사용하는데(200g~250g) 종이마다 가격이 다르다. 본문 용지 또한 2~3종류의 종이(80g~120g)를 많이 사용하며, 종이 지질마다 인쇄물의 차이가 있다.

제본도 무선 제본, 반양장, 양장 제본… 등 종류도 많으며, 후가공(표지 라미네이팅도 유광/무광)도 있다. 또 표지 에폭시, POD 등 인쇄만으로도 초심자가 알아야 할 것은 많긴 하다.

위안이 되기를 바라며 하는 말이지만 인쇄의 모든 것을 다 알고 출판을 시작하는 사람은 없다. 설령 출판사에 10년 이상 근무했더라도 인쇄의 모든 과정을 빠삭하게 꿰차고 있는 사람은 거의 없다. (종류별 인쇄용지, 견적, 인쇄비, 후가공의 전 과정 등) 그런 이유로 인쇄에 관한 걱정은 내려놓는 것이 신상에 이롭고 다 알려고 노력할 필요도 없다. (우리는 책을 만드는 발행인이지 인쇄업 종사자가 아니기 때문이다.)

인쇄도 사업의 한 종류다. 인쇄소를 운영한다는 것은 인쇄 분야에 사업을 하는 것이다. 인쇄 사업자도 돈을 벌기 위해 인쇄업을 하는 것이며 인쇄소를 운영하는 전국의 모든 사장님은 그 분야의 프로이다.

하여, 출간을 기획하고 편집에 들어가는 단계에서 인쇄를 어떻게 해야 할 지 모를 때 좋은 방법이 있다. 지금 책꽂이에 꽂혀 있는 책 중에 발간하고자 하는 책과 유사한 크기, 페이지 수, 종이 재질(표지, 본문 등), 후가공(표지 라미네이팅, 무선 제본, 양장 등) … 등 비슷한 책을 들고 인쇄소를 방문해 물어보면 된다. (처음 듣는 용어일 수도 있지만 그것은 중요하지 않다.)

우스갯소리 같지만, 초행길 낯선 곳에서 어디로 가야 할지 길을 모를 때 가장 좋은 방법은 누구든 붙잡고 '물어보는 되는 것'이다. 얻고자 하는 방법을 가장 빨리 쉽게 얻으려면 그냥 물어보면 된다. 어디로 가야 할 지 모를 때 '묻는 입'은 약도가 된다.

필자의 경우, 광고회사를 운영했던 과거가 있어 인쇄 부분에 접근이 용이해 출판업에 발을 디디기가 쉬운 편이었음을 부인하지 않는다. (그렇다고 인쇄의 모든 것을 아는 것은 아니다.)

코로나19 기간에 인쇄소에 간 적은 대여섯 번이다. 팬데믹 4년여 기간 동안 30여 종 출간되었는데 몇 번 가지 않은 이유는 요즘은 인쇄용 데이터를 온라인으로 보내고, 검판용 파일을 내려받아 승인하면 되기 때문이다. 유튜브로 인디자인을 공부하다 보면 편집하는 방법부터 인쇄소 출력실에 보내는 인쇄용 파일까지 어떻게 만드는지 자세히 알려주고 있다. 다만 인쇄가 제대로 되고 있는지 점검하고 싶다면 인쇄소와 연락해 그 시간에 가면 된다.

보통 1,000부의 책을 만들 때, 표지 인쇄의 경우 5분도 채 걸리지 않는다. 본문의 경우 페이지 수에 따라 인쇄판을 교체해야 하는 절대적인 시간이 필요하지만 보통 이틀이면 충분하며, 후가공(표지 라미네이팅, 에폭시, 에폭시 등)까지 인쇄 발주부터 완료 시까지 7일 내외면 책이 나온다. (양장 제본의 경우, 2주 정도 걸리는 게 보통이지만, 캘린더 제작 시기(매년 10월~12월 초)와 겹치게 되면 제본에서만 1개월 이상 걸리기도 한다.)

인쇄만 해도 몇 단계를 거쳐 책이 완성되는 동안, 모든 과정을 일일이 점검할 필요는 없지만, 첫 책을 만들 경우, 인쇄소는 꼭 방문하는 것이 좋다. 인쇄기에 따라 2도 인쇄기, 4도 인쇄가 있는지도 확인해야 하지만 인쇄가 어떻게 진행되는지 경험 삼아 아는 것도 좋기 때문이다. 그냥 믿을 만한 인쇄소 한 군데만 있으면 다 알아서 처리해 준다.

필자의 경우, 파주 물류 창고와 가까운 일산에 있는 인쇄소를 협력 업체(판권지 참조)로 두고 있는데, 충무로나 성수동에 있는 인쇄소보다 인쇄비·제본비가 저렴한 장점이 있다. 서울에서 인쇄하면 책이 나온 후, 서울에서 파주까지 운송되는 용달비도 절약할 수 있지만 대부분의 서점 물류 창고(교보, 영풍, YES24, 알라딘, 북센 등)가 파주에 있기 때문이다.

다만 편집하는 과정에서 책의 두께를 착오 없이 계산해서 표지 전면을 만들어야 한다. 표지 전면은 책 두께('책등'이라고 하며 '세네카'라 부르기도 함.)는 앞표지, 뒤표지, 앞날개, 뒷날개, 그리고 책등까지를 포함한 전체 대지를 작성해야 하며, 종이 두께, 종이 장 수에 따라 다르기에 착오 없이 계산해야 한다. (136p 표지 전체면 그림 참조)

다시 정리하면 표지든 본문이든 모두 인디자인으로 편집한 후, PDF 인쇄용 파일로 변환 후, 인쇄소 웹하드에 올리면 된다. 그 후 인쇄소에서는 '검판 컨펌용 파일' 웹하드에 올려 줄 것이고, 그것을 다운 받아 확인한 후 최종 확인을 하면 인쇄가 진행되는 것이다. 이 과정에서 틀린 글자를 발견하거나, 그림이 잘못된 것을 발견해 수정하고 싶다면 그 페이지만 교체하면 된다. 언뜻 복잡해 보이지만 이 또한 과정으로 생각하면 된다.

06
서점
(유통)

출판사 물류 창고에서 서점 물류 창고로

자, 여기까지 오는 과정을 되짚어 보자.

저자를 만나 출간 원고를 받고, 기획하고, 편집, 인쇄까지 마쳤다면 손에 완성된 책을 보게 될 것이고(보통 45~50일 소요), 이제는 서점에 배포하는 일이 남았다.

새로 나온 책이 독자의 손에 쥐어지기까지 과정은 다음과 같다. 인쇄를 마친 책은 우선으로 물류창고(배본사)에 입고하게 된다. 물류창고는 출판사마다 인쇄소처럼 거래하는 협력 업체가 다르지만 완성된 책은 배본사에 먼저 입고 되는 것이 순서다. 입고 된 책은 온라인이든 오프라인이든 서점의 주문에 따라 배포되기 시작한다. 신간의 경우 전국적으로 깔리는 데 걸리는 기간은 2~3일 정도로, 출판사 물류 창고에서 서점 물류 창고로 입고 후, 오프라인 매장에 깔리거나 온라인 서점에서 배송되기 시작한다.

오프라인과 온라인 서점을 운영하는 교보문고와 영풍문고의 경우, 담당 MD에게 메일을 보내거나, 통화 후에 초도 물량을 주문받기도 하며, 분야별 담당 MD를 직접 만나 서지정보와 책을 주면서 MD와 친분을 쌓기도 한다. YES24, 알라딘 등 온라인 서점도 각 분야의 담당 MD를 만나 서지정보와 책을 주는 것은 같다. (분야별 담당자는 계약 후 SCM을 통해 알 수 있다.)

필자의 경우, 신간이 나올 때마다 담당 MD를 만나기는 했으나 코로나19 동안 비대면 미팅이 진행된 후로는 메일로 서지정보를 보내거나 전화 통화로 주문을 받는 편이다.

또한 위에 언급한 빅4(교보, 영풍, YES24, 알라딘)를 제외한 전국의 유통은 단 한 곳(북센)만을 거래하고 있는데, 도서 유통에 문제가 있다거나 불편함이 있는 예는 없었다. (인터파크 경우,

유통 및 판매분에 대한 결제 입금액까지 교보에서 대행, 일괄적으로 처리되고 있다.)

e-Book의 경우는 인쇄하지 않고 e-Book용 파일을 제작하여 유통하는 것으로 MD를 별도로 만날 필요는 없다. e-Book은 인쇄하는 것이 아니라 파일의 형태로 판매하기에 종이책으로 출간하는 것보다 제작비가 저렴하다. E-Pub이나 PDF로 제작하는 것이 보통이며 페이지와 작업의 난이도에 따르지만 보통 30~50만 원 정도면 e-Book을 제작할 수 있다. 종이책이든 e-Book이든 편집은 〈인디자인〉으로 해야 한다. (e-Book 제작, 전용 프로그램도 있다.)

이렇듯 책이 만들어지는 과정은 여러 단계로 각 단계를 모두 거쳐야 한 권의 책이 독자의 손에 쥐어지게 되는 것이다. 저자를 만나 책의 콘셉트를 정하고 편집하는 과정까지는 출판사 내에서 하는 일이지만 인쇄부터 유통은 출판사를 벗어난 협력 업체에서 하는 일이다. 각각의 단계마다 그 업종의 전문가들이 참여하고 있고, 큰 출판사든 작은 출판사든 일련의 과정은 똑같다.

물론 아주 큰 출판사의 경우 인쇄시설이며 제본 시설을 다 갖춘

곳도 있지만 출판을 처음 시작하는 사람은 관심을 둘 필요도 더 알아야 할 필요도 없다. 이 정도가 저자, 기획, 편집, 마케팅, 인쇄, 서점 그리고 독자에 손에 닿기까지이다. 신간이 나올 때마다 언제든지 이 과정은 계속 반복된다.

출판을 시작하는 분들께 한 말씀 더 드리면, 결과만 놓고 보면 아주 돈을 많이 벌거나 유명해지는 것이 성공이지만 '진정한 성공'이란 성공까지의 과정도 존경^{RESPECT}할 만한 이야기로 점철된 '부끄럼 없는 성공'이 진짜 성공이라 할 수 있다.

출판업을 한다고 해서 얼마나 큰 부귀영화를 누리게 될지 모르지만, 어느 분야에서나 성공한 사람은 모두 공통적인 스토리가 있는데 그것은 바로 '실패와 노력'이다. 출판 사업도 예외 없이 마찬가지이다. 생전 해보지 않은 출판업을 하는데 '실패 없이 일사천리로 풀린다?' 그런 사람 아직 없고 앞으로도 없을 것이다.

실패는 일생을 사는 동안 한 번도 겪지 않는 것이 가장 좋지만, 출판을 하면서 실패를 겪지 않을 수가 없다. 출판업의 실패란 '기대감에서 오는 실패'나 '경험 부족에서 오는 시행착오'로 이 말의 뜻은 실제 출간을 해보면 알게 될 것이다.

기대감에서 오는 실패란, 검증되지 않은 저자의 인지도(거의 자신의 상상으로)만 믿고, 1,000부만 찍어도 될 걸 2,000부 인쇄한다거나, 500부면 충분한 것을 1,000부 인쇄해 판매액보다 창고 보관비가 더 든다든지, 괜히 광고비만 날렸네 등등…. 뭐 이런 것들이다. '경험', 그것은 자신의 실수에 붙이는 수업료다. 굳은살이 박이려면 몇 번의 물집은 아물어야 하지 않겠는가.

다음 페이지에 10년간 매출표와 출간 목록을 넣은 것은 필자보다 더 빠르게, 더 많이, 더 큰 성장을 이루시길 바라는 마음에서다.

퇴직 후에도 평생 현역으로
책이 일하게 하고 책으로 돈 버는 방법입니다.

내 일이 있어야 내일이 있다. 정년 없이 평생 현역으로 일하는 것은 축복이다. '1인 출판'의 좋은 점은 평생 현역으로 살 수 있는 든든한 계급장이다. 연 매출 1억을 넘기는데 9년, 그것도 코로나19 기간. 5년 차가될 때까지 연간 1종의 출간이지만 그 기간에 만난 저자가 책이 되어 나오기까지 6년 차부터로 출판을 하는 한 기다림에 익숙해져야 한다.

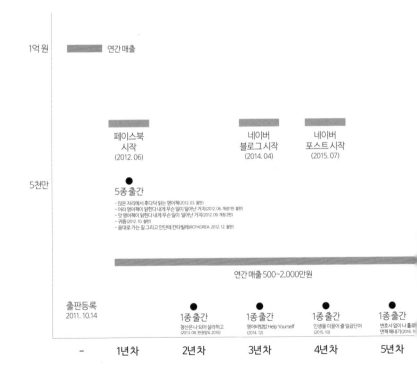

2021년과 2022년이 2020년보다 출간 종수가 적은데도 매출이 더 많은 이유는 누적 종수가 기본 수익을 받쳐 준 스테디셀러와 베스트셀러가 있기 때문이다. 책이 일하는 것이다. 필자는 다른 1인 출판사에 비해 느린 경우로 8년 차, 30여 종이 출간되며 갖게 되는 생각은 '출판, 이거 연금에 비할 바가 아니네.'라는 확신이다. 인디자인을 배워 출판을 시작하면 확신의 시간을 더 앞당길 수 있다. 해를 거듭할수록 수익은 더 늘어난다. 쉬는 날에도 책이 돈을 벌어 주는 것이다.

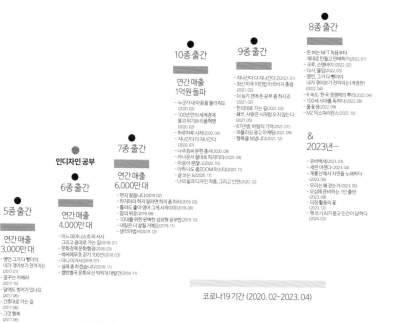

8종 출간

- 돈 버는 NFT 처음부터 제대로 만들고 판매하기(2022. 01)
- 크루, 스탠바이 (2022. 02)
- 다시, 몰입(2022. 02)
- 영언, 그거 다 뻥이야 내가 겪어보기 전까지는 (개정판) (2022. 04)
- K 속도: 한국 경쟁력의 뿌리(2022. 07)
- 100세 시대를 독하다(2022. 08)
- 풀릴셈(2022. 09)
- MZ 익스피리언스(2022. 10)

&
2023년…

- 유비백세(2023. 03)
- 세븐 어젠다 (2023. 04)
- 계룡산에서 자연을 노래하다 (2023. 05)
- 우리는 왜 걷는가(2023. 05)
- 오십에 준비하는 1인 출판 (2023. 09)
- 의정 활동의 꽃 (2023. 12)
- 책 쓰기 나를 인간이 답하다 (2024. 03)

10종 출간

**연간 매출
1억원 돌파**

- 누군가 내 마음을 몰라줘도 (2020. 07)
- 100년 만의 세계경제 붕괴 위기와 리플혁명 (2020. 02)
- 하루하루 시작(2020. 04)
- 지나간다 다 지나간다 (2020. 07)
- 나주최씨 문헌 총서(2020. 08)
- 아나운서 절대로 하지마라(2020. 09)
- 마음아 괜찮아(2020. 10)
- 아하나도 줌ZOOM 마스터(2020. 11)
- 글 쓰는 뇌(2020. 11)
- 나의 삶과 디자인 작품, 그리고 인연(2020. 12)

9종 출간

- 지나간다 다 지나간다 2(2021. 01)
- 최신 미국 이민법 미국비자 총람 (2021. 02)
- 더 늦기 전에 돈 공부 좀 하시죠. (2021. 02)
- 한의대로 가는 길(2021. 03)
- 빼앤 사람은 시차럼 오지않는다 (2021. 05)
- 67년생, 바람의 기억(2021. 07)
- 퍼블리싱 광고 마케팅(2021. 09)
- 행복을 보냅니다 (2021. 12)

7종 출간

**연간 매출
6,000만대**

- 편지 왔습니다(2019. 02)
- 하지마라 하지말라면 하지 좀 마라(2019. 03)
- 틀려도 좋아 영어 그게 시작이야(2019. 06)
- 팝의 위로(2019. 09)
- 10대를 위한 완벽한 성장형 공부법(2019. 10)
- 내일은 더 살찔 거예요(2019. 11)
- 생각마법서(2019. 12)

인디자인 공부

6종 출간

**연간 매출
4,000만대**

- 어느 피아니스트의 서시 그리고 윤대로 가는 길(2018. 03)
- 문화정책 문화행정(2018. 03)
- 빼싸에무호초 걷기 100선(2018. 03)
- 아니 이거 사고(2018. 07)
- 실례 좀 하겠습니다(2018. 11)
- 쌀방별곡 문화유산 빅픽처 대발견(2018. 11)

5종 출간

**연간 매출
3,000만대**

- 영언, 그거 다 뻥이야. 내가 겪어보기 전까지는 (2017. 01)
- 꿈꾸는 카메라 (2017. 15)
- 달에도 벙커가 있나요 (2017. 06)
- 건호대로 가는 길 (2017. 06)
- 그것 행복 (2017. 06)

코로나19 기간 (2020. 02~2023. 04)

발간 누적 종수
2012(5종), 2013(6종), 2014(7종), 2015(8종), 2016(9종), 2017(14종), 2018(20종), 2019(27종),
2020(37종), 2021(46종), 2022(54종), 2023(62종), 2024. 3(63종). (e-Book 미포함)

6년차   7년차   8년차   9년차   10년차   11/12년차

출판 사업의 부담을 덜어 주는

511 출간 전략

5년 동안 1년에 1종씩만 출간하라!

종이책 또는 eBook 1종 출간 목표(배우는 즐거움)
인디자인, 포토샵(기초), 일러스트(기초), 표지 모으기, 맞춤법, 띄어쓰기,
제목·부제 모으기, 출판문화협회 무료 강의 등 5년간 꾸준히!

1종 출간(종이책 또는 eBook)
그래픽 툴 습득 + 마케팅 공부
* 2년을 못 넘기고 1인 출판사 90% 이상 무너짐.

인디자인 숙달, 1종 출간(종이책 또는 eBook)

인디자인 능통, 1종 출간(종이책 또는 eBook)

출판을 시작하는 분을 위한 이유 있는 전략입니다. 퇴직 전에 511 출간전략대로 실행할 수 있다면 출판에 안착할 수 있습니다. **출판을 하자마자 돈 버는 일이었다면 누구나 출판을 했을 것입니다.** 5년은 돈 버는 기간이 아닙니다. 하지만 그 기간을 앞당길 수 있다면 출판하는 보람과 재미를 더 빨리 느끼게 될 것입니다. 해보지 않은 일을 알려면 시간이 필요한 법. '왜 5년을 준비하라'고 하는지 링컨이 남긴 명언으로 대신합니다.

6년

연 3~5종 출간 시기

10년

나무 베는데
한 시간이 주어진다면,
도끼를 가는데
45분을 쓰겠다.
_A. 링컨

연 6종 이상
나오게 되어
있습니다.

단지 걸리는 시간 때문에 꿈을 포기하지 마십시오.
시간이란 어차피 지나가게 되어 있습니다.

직장생활을 하면서 출판업을 병행한다는 것이 쉽지 않을 수도 있습니다.
5년이란 시간을 더 줄이는 것은 개인의 노력에 따라 다르겠지만
편안한 마음으로 출판을 하나씩 알아가는데 5년은 충분한 시간이며,
퇴직 후에 긴 휴직 기간 없이 바로 출판업에 전념할 수 있습니다.

출판 1년 차

반드시 〈출판용 전용 e메일〉을 새로 만들어 '출판 전담 창구'로 이용하세요.

1. 출판사 신고 및 사업자 신청(3장 참조) & 명함 제작 항시 지참
   사업자 등록증을 책상 앞에 붙여 두면 사명감이 생깁니다.

2. 하루 30분 유튜브로 인디자인 보고 배우기
   유튜브로 본 것을 바로바로 실습하면 더 좋지만, 그냥 보는 것도
   추천합니다. 많이 보면 볼수록 작업툴이 익숙해집니다.

3. 포토샵(기초), 일러스트(기초)
   인디자인을 보다 보면 기초적인 툴은 다뤄야 한다는 생각이 들게
   됩니다. 많이 알수록 더 좋지만, 기초적인 기능만 알아도 됩니다.

4. 네이버 블로그 개설, 페이스북, 인스타그램 등 SNS 가입 및 포스팅
   블로그에 연재를 시작하세요. 무엇이든 좋습니다. 명언, 책 쓰기,
   여행기, 인디자인 배우기 등 하다 보면 노하우가 생깁니다.

5. 주 1회 책 표지, 책 제목, 부제 가능한 한 많이 모으기

표지 디자인이나 책 제목, 부제 등을 모아 놓으면 후에 큰 재산이
됩니다. 엑셀을 이용해 분야별로 모으면 더 좋습니다. 그 자료는
나중에 책 제목이나 부제목을 짓게 되는 실전에서 매우 유용하게
응용할 수 있습니다. (4장 157p~163p 참조)

6. 맞춤법, 띄어쓰기 등 교정 · 교열 습득

출판을 하는 한 남의 손을 빌리지 않고 혼자서 충분히 할 수 있는
일입니다. 맞춤법 사이트를 이용하는 방법(예, 잡코리아)도 함께
알아 두시고 일상에서 사용해 보세요.

7. 한국출판문화산업진흥원, 출판문화협회 가입 후 무료 강의 듣기

출판계 소식이나 무료 교육, 출판 경향 등 출판 관련 정보 업데이
트에 좋습니다. 출간에 관한 금전적 지원 사업도 알 수 있습니다.

8. 다른 출판사 블로그 포스팅 전략 보고 배우기

출간된 책을 홍보하는 방법은 선배 출판사의 포스팅을 보고 배우
는 것이 빠르고 적응도 쉽습니다. 그대로 따라 해도 좋습니다.

9. 네이버 <책방> 매일 1회 보기(컴퓨터 또는 스마트폰)

타 출판사 신간, 베스트셀러 등 출판의 경향을 아는 데 좋습니다.
출퇴근 때나 점심 식사 후 또는 자기 전 하루 5분만 보면 됩니다.
1년 차에 1종만 출간하면(eBook도 좋아요) 되기에 편안한 마음으로
출판업에 적응하세요. 출판은 가늘고 길게 하는 사업입니다.

출판 2년 차

대부분의 1인 출판사가 2년을 넘기지 못하고 폐업 또는 휴업인 것은 출판 1년, 2년 차에 '돈이 벌리지 않는다.'라는 사실을 확인한 후입니다. 출판을 하면서 잊지 말아야 할 것은 '출판업은 매우 긴 여정'으로 출판 1년 차에 있는 내용 중, 1번(사업자 등록증 발급)을 제외한 2~9번까지는 5년간 꾸준히 지속해야 합니다.

1년 차에 1종의 책을 출간했다면 하나의 경험치가 쌓인 것입니다. 냉정하게도 출판은 1종의 책을 출간하면 그것만큼의 경험만을 갖게 하며 그 경험은 두 번째 책을 낼 때 실수나 시행착오, 첫 책에서 부족한 부분을 보완하는 밑거름이 됩니다. 지금 출판 전문가라 불리는 사람도 모두 그 과정을 거쳤다는 것을 알아두세요.

1년 차부터 2년 차가 된 지금까지 인디자인을 보고 배웠다면 편집을 하는 것이 어렵다고만은 생각되지 않을 겁니다. 연습! 연습! 또 연습! 연습밖에는 정도가 없습니다. 기술을 갖는 것은 당신을 평생 현역으로 살게 할 것이며, 종이책 출간에 도전해보는 것도 좋습니다.

출판 3년 차

3년 차까지 오면서 매년 1종씩 출간했다면 축하받을 일입니다만(더 많이 출간되었다면 더 좋겠지만), 인디자인을 배워 직접 편집했느냐, 아니면! 외주 용역을 주어 출간했느냐가 관건입니다.

직접 편집했다면 금전적으로는 수백만 원가량의 금액이 덜 들었을 테고 용역을 주었다면 '인디자인이 돈 벌어 준다'라는 것을 알게 되었을 것입니다.

출판 3년 차가 되면 주변에 있는 분들도 당신이 출판한다는 것을 어느 정도 알고 있을 것이고, 지출을 줄일 수 있는 부분이 어디이고, 어느 분야의 책이 수익이 난다는 감을 잡게 될 것입니다. 부디 3년 차에도 1종, 4년 차에도 1종의 책이 출간되길 바랍니다.

출판 5년 차

5년이란 시간은 길어서 시간이란 표현보다는 '세월'이란 말이 어울립니다. 시간이란 어차피 지나가게 되어 있는 것. 그 시간이 세월로 변했을 때, 흔적을 남겼다면 인디자인에 능숙하고, 포토샵, 일러스트도 알게 되고 출판을 알게 되었다는 확신 아닐까요? 5년간 5종을 출간했다면 말이죠.

제2장

저자는 어떻게 만나지는가!
50 Stories

한 사람, 한 사람의 삶과 경험이 콘텐츠다

한 조각의 퍼즐이
놓여야 할 자리를 찾듯
완성도 높은 출판 콘텐츠는
저자에게서 찾을 수 있다.

사람 오는 것에
감사함을 갖게 되는 것이 출판이다.

책 한 권에 사연 하나.
만나지 못할 인연이 없듯
만들지 못할 광고도 없다.

편집이든 광고든
해보지 않아서 그렇지
하다 보면 '이래서 출판하는구나'라는 느낌이 들게 된다.

YES. YOU CAN DO IT.

앗! 영어책이 읽힌다.
내게 무슨 일이 일어난 거지?

_안상희 지음

영어비빔밥 Help Yourself
명언 300g, 문법 한 스푼, 회화 반 술, 인문의 향을 뿌린 나만의 그래픽 영어 보양식

_흔들의자 지음

영어에 자신감을 드립니다. 고등학생이 필수 800 단어로 번역한 영어책

출판을 시작하게 된 책으로 ISBN도 모르고 시작한 출판사업. 무엇이 문제인지도 모르고 어떻게 해결해야 옳은 것인지, 아는 사람도 없고 물어볼 데도 없던 막막한 때에 나온 책이다. 이 영어책의 저자는 필자의 딸내미로 그녀를 대학에 보내기 위해 출판을 시작했다. 영어 울렁증이 있는 우리나라 사람을 위해 중3 정도의 영어 실력이면 읽을 수 있는 영어책이다.

명언으로 배우는 영문법. 일러스트로 편집된 예쁜 영어 명언집

필자가 쓴 첫 책이다. 찾아오는 저자가 없어 시작된 직접 책 쓰기. 10년간의 외국 생활이 이 책을 쓰게 된 계기가 되었다. 일러스트로 편집되었고 인디자인을 할 줄 몰랐던 때에 나온 책이다. 광고회사를 운영할 때 함께 일했던 직원(현 디자인 사무실 대표)의 손과 머리, 마음으로 만든 디자인 예쁜 책이다. 첫 책 쓰기가 난감하지, 두 번째 책부터는 수월하다.

인생을 이끌어 줄 일곱단어

_흔들의자 지음

아니, 이거詩

_흔들의자, 권수구 공저

기획서 · 보고서 · 자소서 · SNS ·... 등
닥치는 대로 글 쓸 때 인용하기 좋은 글

출간 4년 차에 들어도 여전히 찾아
오는 저자가 없어 두 번째로 쓴 책.
처음으로 네이버 메인에 뜬 책으
로 그 후 4년 동안 130회 넘게 네이
버 메인에 떴다. 페북에서만 하던
SNS를 네이버 블로그와 포스트를
만들고 난 뒤에 본 효과다. 블로그
는 '시리즈로 하는 포스팅'이 중요
한데 이 요령을 알면 어렵지 않다.
시리즈 광고 만드는 법으로 쓴 책
이 《퍼블리싱 광고 마케팅》이다.

도전! 나도 카피라이터 이행시 짓기 선
정작 '우리 삶이 이행시 속에 다 있습니다'

1년 3개월, 총 30회에 걸쳐 국민
을 대상으로 이행시 공모를 하고
선정작을 모은 책. 필자의 터닝 포
인트가 된다. 총조회수 51,000개.
12,600개의 응모 댓글로 네이버 메
인이 큰 몫을 했다. 나중에 알았지
만, 조회수나 댓글 수, 좋아요 수는
네이버 인공지능 C-Rank가 데이
터로 저장, 새로운 저자가 찾아오
는 밑밥이 된다. 이 책을 인연으로
후에 3명의 저자가 나온다.

명언, 그거 다 뻥이야
내가 겪어보기 전까지는(개정판)

_권수구, 흔들의자 지음

퍼블리싱 광고 마케팅

_흔들의자 지음

평소에 접하기 힘든 명언 X 카피라이터 창작 명언

출판 6년 차 나온 명언집. 출판 5년이 되도록 1년에 1종밖에 출간하지 못하는 부진한 실적이지만 '출판 공백의 해'는 없었다. 1년에 한 권은 출간하는 출판사로 보이고 싶었기 때문이다. 이 명언집을 가끔 보는 이유는 글을 써야 할 때, 컨셉에 맞는 명언으로 서두를 시작하면 다음 문장이 술술 풀어지는 신통력이 발휘된다. 5년 뒤 초판 완판 후, 개정판이 출시되었다.

어느 출판사의 홍보전략 이야기; 다른 출판사는 책 광고를 어떻게 할까?

흔들의자 출판 10년을 기념하는 스페셜 에디션! 광고를 재미로 만들다 보니 재미가 쌓여 의미가 된 책이다. 출판 마케팅 도서로 저자를 만나게 된 이야기, 시리즈 광고 만드는 방법 등 '출판 초심자'를 위한 책이다. 출판사를 하게 되면 첫 번째로 부딪치는 벽이 '저자의 부재'이다. 앞서 언급했지만, 저자는 자신을 포함한 가족, 친구, 지인 등 누구도 저자가 될 수 있다.

오십에 시작하는 1인 출판(초판)
_흔들의자 지음

책쓰기 AI가 묻고 인간이 답하다
_송하영, 윤소정, 황순유, 유지나, 이호경, 김기진, 흔들의자 공저

가치 있는 일을 하며 평생 돈을 벌 수 있는 1인 출판의 경험을 공유하다.

이 책의 초판본으로 출판 초심자를 위한 실용 입문서이다. 1인 출판 사업의 수익성과 확장성 그리고 은퇴 없이 평생 현역으로 사는 방법을 알려 주는 책이다. 전공 무관, 업종 무관, 경력 무관, 남녀 무관! 모아 놓은 돈도 없고, 마땅한 빽도 없는 분을 위해, 남은 인생을 평생 현역으로 살며 돈 벌고 싶은 분을 위해 필자의 경험을 쓴 책으로 〈511 출간 전략〉이 그 해법이다.

역발상!! 이 책은 누드김밥이 나온 원리와 같다! 일곱 작가들의 책 쓰는 비법

7인 7색. 이 책의 저자는 흔들의자에서 2종 이상 출간한 사람들이다. 각 분야에서 20년 이상 공력을 쌓은 전문가로 필자는 출판사의 입장에서 참여해 공저자가 되었다. 기획부터 집필, 편집, 마케팅까지 필자의 주도하에 진행된 프로젝트로 1인 기업, 1인 출판사를 경영하다 보면 시나브로 자신도 모르게 멀티 플레이어가 되어 있다는 것을 알게 된다. *여기까지가 그동안 필자가 쓴 책이고, 다음 페이지부터 저자를 만나는 여러 경로이다.

피아니스트 송하영과 함께 걷는
음대로 가는 길 그리고 안단테 칸타빌레

_송하영 지음

변호사 없이 나 홀로
파산 신청 면책 해내기

_이민호 지음

음대 지망생을 위한 실용 레슨 북

페이스북 친구로 시작된 인연으로 SNS를 시작한 지 5개월쯤 되었을 때, 페북 친구가 저자가 된 경우이다. 출판 사업을 하면 SNS 활동은 마케팅의 필수 요건이며 때로는 저자를 만나게 되는 상황까지 이어진다. 지인이 아닌 전혀 알지 못했던 사람과 SNS로 인연이 되어 첫 책을 내게 된 경우라 특별한 의미가 있다. 현재까지 저자와 10년 넘게 인연이 계속되면서 최근까지 총 5종의 책이 출간되었다.

개인 파산 탈출 실전 가이드북

페이스북 친구의 소개로 저자를 만나게 된 소위 말해 '한 다리 건너' 저자를 만나게 된 케이스이다. SNS를 하게 되면 누구를 만나게 될지 모르고 어느 사람이 만나져 저자로 이어질지도 모른다. 꾸준히 SNS에 명언이든 사람 사는 이야기든 성실하게 포스팅을 하다 보면 저자로 이어지는 경우가 많다. 중요한 것은 주변인들에게 '출판하고 있다.'는 사실을 잊지 않게 해 주는 것이 중요하다.

꿈꾸는 카메라

_고현주 지음

세상을 향한 아름다운 소통

역시 페이스북 친구의 소개로 출간하게 된 경우. 이 책은 5,000부 이상 판매되었던 책을 재출간한 개정판. 2012년 문화체육관광부와 한국문화예술위원회가 주최하는 '2012년 소외지역 우수문학도서 보급사업' 4분기 청소년 우수문학도서에 이름을 올리기도 한 책이다. 개정판을 출간하게 된 경우라 초판만큼은 아니지만 발간 6년이 지났음에도 소량이지만 매월 판매되고 있다.

스타 직업 멘토 오남경 간호사와 함께 걷는 간호대로 가는 길

_오남경 지음

간호대학 지망생을 위한 가이드북

페이스북을 하면 누군가는 관심을 가지고 지켜본다는 사실을 명심하면 좋다. 저자의 직업은 간호사로 출간 의뢰를 해왔을 때, '간호사의 24시'를 수필로 쓰고 싶다고 했다. 하지만《음대로 가는 길》을 출간한 경험으로 '간호사가 되고 싶은 학생'을 위한 콘셉트로 저자에게 역으로 제시하여 출간된 '기획도서'이다. 2년의 기다림 끝에 원고가 완성되고, 4년 후《한의대로 가는 길》로 이어진다.

행복디자이너 김재은의
그깟 행복

_김재은 지음

어느 피아니스트의 서시 그리고
음대로 가는 길

_송하영 지음

더불어 함께 행복한 세상 만들기

모임을 통한 인연이 책으로 나온 경우. 온라인으로 만난 사회 관계망은 가끔 오프라인으로 이어진다. 밥을 함께 먹거나 이런저런 이야기를 안주 삼아 막걸리 한잔하다 보면 출간까지 이어지는 경우도 많다. 꼭 그런 목적을 갖지 않더라도 모임이 있으면 참석하는 편이 좋다. '사람이 있는 곳에 저자가 있다.'라는 필자의 논리는 모두 경험이 바탕이다. 책을 통한 연으로 만나 또 다른 인연의 끈은 이어진다.

음대생도 잘 모르는 클래식 이야기

첫 책《음대로 가는 길…》에 '역사 속 예술 천재들의 이야기'가 더해진 개정판으로 저자는 이 책을 계기로 본격적인 강의를 한다. 출판을 하면서 보람 있는 일을 꼽으라면 책은 저자에게 '강의'라는 또 하나의 일과 수익을 갖게 해준다. 저자는 강의하며 책을 알리게 되고 강의에서 지식을 얻은 사람은 더 많은 것을 알기 위해 책을 주문하기도 한다. 저자와 출판사는 '함께'라는 교집합이 있다.

문화정책 문화행정
_박혜자 지음

문화를 정책과 행정으로 말하다

지인 소개로 출간하게 된 경우며 이 또한 개정판. 대학 교재로 사용되는 학술서로 주로 새 학기에 주문이 온다. 이 책이 나오기까지 15종밖에 출간되지 못했지만, 출판업을 시작한 지는 7년 차. 만 6년이란 세월 동안에 별로 알려진 출판사가 아니라 출간 종수가 적은 것이 이유 중 하나다. 개정판이라도 낼 수 있는 것은 '아직 출판하고 있다'는 지인의 각인이 책으로 나오는 시간을 의미하기도 한다.

배싸메무초 걷기 100선
_윤광원 지음

역사 이야기가 있는 도보여행 가이드

모임 후, 사담을 나누다 진전되어 출간된 사례. 저자는 현역 기자로 경제 분야의 책을 2종 출간한 경험이 있다. 이때도 편집은 외주에 의뢰하던 시기라 편집되는 동안 필자가 하는 일은 책 제목 짓는 거 정도. '배싸메무초'는 익히 알려진 팝송 '베싸메무초'를 응용한 것으로 어쩌다 보니 절묘하게 맞았다. 책으로 받을 수 있는 최고 영예인 '세종도서'로 선정되고 900만 원 상당의 책을 도서관에 납품한다.

실례實例 좀 하겠습니다
_정헌석 지음

썰방별곡 신기방기 동감 100배
문화유산 빅픽처 대발견
_신동설 지음

긍정과 소통, 관리 관계의 실제 사례

《배싸메무초》 출간 기념 북콘서트에 오셨던 경영학 박사의 책으로 고희를 넘긴 나이에도 강연을 하고 있다. 《실례 좀 하겠습니다》란 제목은 우리가 생각하는 그 실례(Mistake)가 아닌 실례(實例 실제 사례_Example)이다. 책 제목과 부제를 지을 때, 본문에서 알려주고 싶은 내용을 함축해서 보여 주는 것이 좋은 방법이며, 거기에 덧붙여 재미를 곁들이면 더욱 좋다고 할 수 있다.

문화유산! 답사에만 머물 것인가

〈열 마리 토끼를 한꺼번에 잡는 방법〉에 언급했지만, 출판을 하며 좋은 것 중의 하나는 '사람을 만날 수 있는 일'이다. 저자인 신동설 박사 또한 모임에서 알게 되어 출간된 경우로 저자는 천하에 둘째가라면 서러워할 만한 이야기꾼이다. 이 책의 제목은 저자의 이름과 연관이 있는데 신동설의 '설'을 세게 발음하면 '썰'이 되고 그것은 저자가 하는 강연 주제와 맞을뿐더러 책의 내용과도 부합된다.

편지 왔습니다

_박종필 지음

손 편지에 남은 아날로그 감성

책의 저자와 필자는 친인척으로 저자가 만나지는 또 하나의 예이다. 출판 8년 차에 들어 출간된 첫 책으로 이때부터 매년 6종에서 10종 정도 출간된다. 이는 일반적인 1인 출판사의 평균 출간 종수보다 많은 편으로 연수 대비 누적 종수는 적지만 연간 발매되는 종수는 타 출판사와 견줄 만하다. 출간 25종을 넘기면서부터 1인 출판의 가능성과 성장을 확신하지만 다소 늦은 편이긴 하다.

틀려도 좋아. 영어 그게 시작이야

_최낙훈 지음

틀리면서 영어의 틀을 만든다.

저자는 어디에나 있다. 국내뿐만 아니라 외국에도 있는데, 이 책은 블로그를 보고 찾아온 인연이 이 저자를 소개했다. 출판사는 포털에 검색되도록 꾸준히 포스팅해야 한다. 출간 종수가 적다는 건 핑계다. 하고자 하면 책 한 권으로 수십 개를 할 수 있다. 아직 만나지 못한 저자를 만나려면 꾸준하게 포스팅하며 저자를 기다리면 된다. 출판사의 SNS는 저자를 늘리는 최상의 방책이며 돈도 들지 않는다.

팝의 위로; 팝-그 속에 숨은 온기
_유지수 지음

10대를 위한 완벽한 성장형 공부법
_이재훈 지음

해피한 삶을 위한 팝송 테라피

저자는 뉴스를 전하는 CBS 아나운서이며, 매일 낮, '팝송 프로그램' 〈유지수의 해피송〉을 진행하는 DJ다. 저자와의 인연은 '도전, 나도 카피라이터' 이행시 짓기 이벤트 선정 후, 《아니 이거詩》 출간을 인연으로 이 책을 발간하는데, 그녀를 처음 만난 곳이 CBS 사옥 지하 1층 교보문고. 만난 지 10분도 채 되지 않아, 책의 콘셉트를 정하고 출간 원고를 넘겨받기까지 1년의 기다림이 있었다. 콘텐츠는 저자가 하는 일에 맞추는 게 좋다.

'공부 좀 한다'는 10대는 이 책을 본다.

온라인 시대를 사는 우리는 저자를 만나지 않아도 출간할 수 있다. 증정본을 가지고서야 저자를 만날 수 있었는데, 그날 알게 된 사실은, "흔들의자를 어떻게 찾았는지 모르죠. 출판사를 검색하는데 자꾸 흔들의자가 상위에 있더군요." 저자는 IT 전문가로 일반인들과는 다르게 '빅데이터를 이용'해 검색했다고 했다. 그 당시 네이버 메인에 100번 이상 뜨고 댓글이 10,000개 이상 달리고 있으니 당연한 결과였는지도 모른다.

내일은 더 잘될 거예요

_황순유 지음

생각마법서

_박정욱, 박성민 공저

읽어양득! 에세이와 다이어리 콜라보

라디오 DJ 황순유. 어떻게 그녀를 만나 출간까지 하게 되었을까? "저…, 오늘 오프닝 멘트 누가 쓴 거예요, 아주 좋던데…" "제가 직접 쓰고 있어요." "오~, 그거 모아 출간하면 어때요." 생방송 중 그녀와의 카톡이다. 라디오 DJ는 애청자에게 무장해제가 되곤 하는데, 그녀는 DJ, 필자는 청취자 신분이다. 지금은 TBN 한국교통방송 '낭만이 있는 곳에' DJ로 이 책 판권에 있는 메일 주소가 담당 PD를 엮어 준 중매자이다.

생각이 돈이 되는 20가지 마법 요령

블로그를 해야 하는 이유를 증명한 책. 지금은 연 100개 넘는 기획서가 오지만, 이때만 해도 50개 정도의 출간 제의 원고가 오던 때로 그중에 1개 정도만 출간한다. 출판이 좋은 것은 '지식 늘어남'인데, 경쟁력 있는 원고 임을 바로 알았다. 5월에 온 원고로 6월 지원 사업에 응모, 8월 선정, 12월에 출간된 책으로 상금 500만 원. 재미난 것은 저자는 큰 출판사의 직원인데, 익명으로 여러 출판사에 투고한 원고를 필자가 출간한 경우이다.

누군가 내 마음을 몰라줘도

_박윤재 지음

100년 만의 세계경제 붕괴와 리플 혁명

_White Dog 지음

사물을 다시 보게 하는 스무 살 시인

「한국출판문화산업진흥원」은 다양한 정보를 제공한다. 책의 저자(정확히는 그분의 아들)를 만난 것은 '출판인을 위한 마케팅 과정'. 저자는 당시 스무 살로 그는 놀라운 재능을 가졌는데 그것은 '사물이 가지고 있는 마음을 본다'는 것. 시집에 실린 그림 또한 그가 그린 것으로 시 중에 〈피아노〉를 소개한다.

> 건반들도
> 제소리를 가지고 있지만
> 그것으로
> 두고두고 아프다.

기술적 분석만으로 적중된 경제 위기

출간 1년도 채 되지 않아 3쇄를 발행하게 된 책, 인쇄 중인 기간에 전 세계적으로 코로나19, 팬데믹 상황이었고 코로나 기간에도 판매는 계속되었다. 저자는 출간 후에 유튜브를 개설하고 강의하는데, 암호화폐, 리플에 대한 논리와 세계 경제 붕괴에 대한 저자의 생각에 동의하고 배우려는 사람이 많아 관심도가 계속 유지되고 있다. 지인의 소개로 연이 된 사례로 경제 분야의 도서는 경기의 흐름에 민감한 판매량을 보인다.

하루하루 詩作

_김기진, 김지훈, 노진관, 부정필, 박희성, 양승현,
오승건, 정이란, 조원규, 홍기화, 황준호, 황태옥

지나간다 다 지나간다

_유지나 지음

100일 동안 하루 한 편 詩쓰기

직장인들이 온라인으로 교류하며
시집을 출간한 경우로 저자는 12
명. 공저가 좋은 이유는 사람마다
서로 다른 채널을 이용, 동시다발
로 홍보할 수 있다. 이들 중에는 단
독으로 출간할 의향이 있는 사람
도 있고, 소개로 새로운 저자가 이
어진다는 것이다. 코로나19로 사회
적 거리 두기 시기라 출간 기념 북
콘서트를 갖질 못했지만, 참여 인
원이 12명, 10분씩만 초대해도 해
도 120명. 성황리에 개최되었을 텐
데… 라는 아쉬움이 있다.

SNS 유명 작가가 내게로 왔다.

3쇄가 판매되고 있는 '시집'으로 시
집은 어지간해서 1쇄를 다 팔지 못
한다. 저자는 트위터 팔로우가 몇
만 명에, 공유된 건수만 수천이 넘
는다. SNS에서 유명인이란 것을
기획서 보고 알았는데, 몇 번의 경
험으로 SNS의 팔로우 수가 허구
라는 것을 알고 난 후라 그런 숫자
에 큰 기대를 하지 않았었다. 많은
출판사에 기획서와 출간 원고를 보
냈던 저자인데 연이 닿으려고 했는
지, 필자와 연을 맺게 되고 발매 2
개월 만에 2쇄를 찍게 된다.

나주 최씨 문헌 총서
_최관수 지음

아나운서 절대로 하지마라
_유지수, 백원경, 이지민, 서연미, 채선아 공저

나주최씨 금남가문의 형성과 전개

동생 소개로 온 경우로 학술서. 출판을 하다 보면 저자로부터 제작비를 지원받는 경우가 있다. A4 사이즈 408페이지, 양장 표지에 하드커버 케이스까지, 500여 장의 자료 사진으로 제작된 서적으로 작업량도, 제작비도 많이 든 전문 서적이다. 학술서는 서점의 일반적인 공급률(60~65%)보다 더 높게 MD와 조정이 가능하며, 출간 후, 해외 판매 에이전트를 통해 프린스턴 대학교 도서관에 소장된다는 연락을 받았다.

아나운서 선배 다섯 명의 냉철한 귀띔

《팝의 위로》가 출간된 연말, 유지수 아나운서와 차 한잔하다 컨셉트가 나온 케이스. CBS 아나운서 동료 다섯 명이 참여한 '아나운서가 되고 싶은 후배를 위한 실용서'이다. 실용 서적이 좋은 이유는 판매 시기가 따로 없이 꾸준히 팔린다는 것. 그런 이유로 출판사들이 실용서 원고가 들어오면 출간 검토가 더 적극적이고 긍정적일 수밖에 없다. 출판 사업을 처음 시작하는 분이 실용서를 첫 책으로 낼 수 있다면 출발이 좋다고 할 수 있다.

마음아 괜찮니
_송하영 지음

아하 나도 줌zoom 마스터
_김기진 지음

마음이 묻고 클래식이 답하다.

"지금 《팝의 위로》 목차를 보내 드릴 테니 이와 같은 컨셉트를 클래식에 접목해 글을 써 주세요." 출판사의 입장에서 저자에게 새 원고를 요청할 수도 있는데 이것이 기획도서라는 것이다. 《팝의 위로》는 팝이 전하고 싶은 주제(주로 노랫말)로 저자에게 요청한 것이고 이 책은 바흐, 헨델, 모차르트, 베토벤… 등 바로크 시대부터 고전주의, 낭만주의, 현대음악에 이르기까지 클래식 거장들의 삶과 우리의 삶을 빗대어 제작된 책이다.

ZOOM 화상회의 온라인 강의 매뉴얼

코로나19가 바꿔 놓은 일상 중에는 온라인으로 회의나 교육이 시행되는 새로운 현상이다. 저자는 《하루하루 詩作》 프로젝트를 지휘한 HR 분야의 전문가로 코로나는 그의 일상을 바꿔 놓았는데, 그 시기를 놓치지 않고 ZOOM을 배우고 책까지 발간한 사례다. 머리글자를 따서 '아줌마'로 불리기도 하는 이 책의 출간 목적은 ZOOM을 사용하게 될 주최자에게 화상회의, 온라인 Live 교육의 안정적 운영을 위한 방법을 알려 주는 책이다.

글 쓰는 뇌

_고학준 지음

지나간다 다 지나간다 2

_유지나 지음

뇌를 먼저 알고 글쓰기를 시작하라

그냥 글을 쓰는 것과 좋은 글을 쓰는 것은 다르다. 글쓰기는 대표적인 정신 활동이지만 좋은 글을 쓰지 못하는 이유를 찾으려면 뇌를 먼저 들여다보라고 이 책은 말하고 있다. 인터넷 검색으로 찾아온 경우로 기성 작가이다. 저자는 뇌를 책으로 공부한 사람으로 뇌과학자는 아니지만, 강의하거나 SNS로 물어 오는 질문이 대부분 뇌에 관한 질문들이다. 코로나19 기간에 발행된 도서로 작가와의 북토크 시간을 갖지 못한 아쉬움이 있다.

살다보면 다 살아진다

유지나 작가의 두 번째 책 《지나간다 다 지나간다 2》, 살다보면 다 살아진다. 《지나간다 1》은 본문이 흑백(전문용어로 먹 1도)으로 인쇄되었고, 이 책은 전면 칼라로 전편에 실리지 않았지만 SNS에서 큰 인기를 끈 글만 엄선해서 편집된 것이다. 유지나 작가가 대단한 것은 지금도 하루에 3~4편의 글을 SNS에 올린다는 것, 그것은 책 판매로 이어진다. 출판을 하면 특별히 애정을 갖는 책이 나오게 마련인데, 그것은 저자의 활동력과 비례한다.

미국 이민법 미국 비자 총람

_김원근, 정주명 공저

더 늦기 전에 돈 공부 좀 하시죠

_김대홍 지음

바이든 행정부 시대, 다시 미국으로!

지인 소개로 출간. 오직 eBook만으로 발행되고 종이책은 발간되지 않았다. 이유는 많은 제작비에 있다. 미국 이민과 미국 비자에 관한 모든 조항을 4x6, 16절 사이즈 (18.8x25.7cm)로 400페이지 넘는 분량을 종이책으로 출간하기에는 비용이 많이 들어가기 때문이다. (ePub으로 제작된 eBook은 1,000 페이지가 넘었다) 편집에 드는 기간도 오래 걸렸지만, 저자의 미국 거주로 모든 과정이 메일로만 진행되었다.

돈 공부를 하려면 이 책을 보시라

은퇴 후 노후생활을 위해 자산을 어떻게 운용할 것인가에 대한 책. 저자는 S은행 지점장 출신으로 소개로 온 경우. 직장생활을 하는 분이라면 이런 책은 남보다 먼저 읽고 그대로 따라 하는 게 안정된 노후를 보내는 데 도움이 될 것이다. 책을 편집하며 이 책을 읽게 될 독자에게 묻고 싶은 말이 헤드라인이 되었는데 그중에 하나, "지난달 받은 봉급 중에 은퇴 후 노후생활 30년을 위해 대비하고 있는 돈은 얼마나 됩니까?"

한의사 윤소정 선생님과 함께 걷는 한의대로 가는 길

_윤소정 지음

緣_사랑은 시처럼 오지 않는다

_김판규 지음

한의대와 한의사 미리보기

앞서 나온 《음대로 가는 길》, 《간호대로 가는 길》에 이은 대학으로 가는 길 시리즈. 저자는 한의사로 '내 몸은 내가 고치자'란 이유로 수능을 다시 보고 한의과 대학에 입학, 한의학을 공부한다. 포털 검색으로 흔들의자를 알게 되고, 메일로 받은 출간 원고의 주제는 원래 '영화 속에 나오는 한의학'이었는데 저자에게 '대학으로 가는 길'로 글을 써 달라고 의뢰했다. 1년의 기다림이 있었지만 〈대학으로 가는 시리즈〉는 언제나 옳다.

문학과 한의학의 조화로운 상생

출판을 하면서 처음으로 발간한 소설. 일반적으로 소설은 허구를 나타내지만, 이 책은 소설임에도 불구하고 저자의 자전적 이야기를 장편소설로 펴낸 책이다. 광고 컨셉트로 名作을 보여 준 이유는 저자는 한국의 名醫로 그 이름이 널리 알려진 인물이며 필력 또한 대단하다. 저자의 소개로 연이 된 경우로 재미난 경험 중 하나는, "안 대표, 책 만드느라 수고가 많을 텐데 보내는 보약 좀 드시고 하시게나."

67년생 바람의 기억

_김재복 지음

행복을 보냅니다

_권혁세 지음

연탄, 흑백 TV 등 레트로 감성 뿜뿜

출판사의 소개로 저자와 연이 된 경우로 가끔 다른 출판사에서도 책 만드는 것을 토스 받기도 한다. (이유는 출판사마다 자기 색깔을 가지고 운영하는 곳이 많은데, 그 출판사는 전문 서적 발간임) 의사인 저자는 책을 쓰게 된 동기가 코로나19로 거의 3년간 환자를 돌보다 '이러다 내가 죽겠다.' 싶어 잠시 의사직을 내려놓고, 쉼을 택한 경우. 80년대 학번, 6·29민주화운동 등 편집을 하며 동시대를 함께 거쳐 왔던 기억이 새롭던 책이다.

그저 행복하시라고 '행복을 보냅니다'

'사람이 높고 낮음'이 어디 있겠냐마는 '사회적 신분'이란 있다. 권혁세 전 금융감독원장. 책을 만들며 만난 가장 높은 공직에 계셨던 분. 금감원장이라는 직책은 거의 장관급으로 그 정도 지위는 퇴임 후에도 영향력은 존재한다. 이는 책 판매에 긍정적 관련이 있고 다른 저자에게 소개받은 경우다. 이 책은 '개인 행복을 위한 주제'이고 2년 뒤에 발간된 《세븐 어젠다》는 '행복 선진국'으로 처음 저자를 만났을 때부터 계획된 시나리오이다.

돈 버는 NFT 처음부터 제대로 만들고 판매하기
_이영호 지음

차이를 돕니다. 디테일의 차이가 돈 버는 방법의 차이. NFT 실전 테크닉!

《퍼블리싱 광고 마케팅》이 출간되고, 별도 매대 광고를 한 것도
아니었는데 기획이 특이했는지 교보문고 본사 경제·경영 담당 MD도
관심을 가진 책이 저자와 연결 고리가 돼 준 예도 있다.

"교보 광화문점에 갔었는데 이 책이 수북이 쌓여 있더라고요,
그래서 '이건 뭐지' 했어요…"
라면서 판권지에 있는 연락처로 기획서와 출간 원고를 보내온 것이다.

그렇게 저자와 연이 되어 2022년 1월, NFT 관련 책을 출간하게 되는데
발매 1개월 만에 2쇄 발행, 3월에 3쇄 발행. NFT 열풍을 실감하게 된다.

책을 만들다 보면 지식이 쌓인다. '임도 보고 뽕도 따고'란 속담이 있듯이,
운 좋으면 책도 만들고 지식도 쌓고 돈도 벌 수 있는 사업이 출판이다.

크루, 스탠바이_걸어서 오대양을 건너는 사람들 이야기

_조병래 지음

승무원의 친절한 서비스가 생각나는 책, 비행 정보 반, 재미난 에피소드 반.

모임에서 만난 분의 소개로 책을 만들게 된 사례.
저자는 대한항공 사무장 신분으로 비행을 마친 34년 차 승무원으로
동료나 후배 승무원에게 비행기와 여행에 관한 정보를 담은 책이다.

출판사의 시각과 일반인의 시각이 다르다는 것을
출판사업을 하며 냉정히 알게 되는 것은
책은 출판사가 파는 것이 아니라 책은 저자가 파는 것이다.

이는 출판을 하는 동안 더 깊이 있게 알게 될 테지만
더 중요한 것은 저자는 현역에 있을 때 책을 내어야 한다는 것으로
퇴직 후에 발간하는 책은 판매에 별 도움을 주지 못한다.
현직에 있는 저자의 책을 출간할 것을 권장한다.

다시, 몰입; 나로부터 비롯되는 셀프 레볼루션

_황태옥, 임영자, 주정은, 이경희, 이남림, 기은혜, 정지윤, 전시우 공저

'몰입 독서'로 자기 혁명을 성취한 사람들의 이야기

《하루하루 詩作》에 공저자로 참여했던 분이 이끄는 독서 모임 '포항나비'.
아홉 명의 회원들이 뜻을 모아 독서 경험담을 책으로 발간한 사례로
참여 저자 모두가 판매 마케팅에 도움을 준 경우이다.

발간 당시, 지인들에게 어느 날짜를 정해,
그날에 집중적으로 구매하게 하는 융단폭격 전략은
책 홍보를 위해 매우 좋은 전술이며,
발간 후에도 각자 할 수 있는 '북토크'를 개최하는 것도
첫 저자가 된 자신만이 가질 수 있는 특권이고 기쁨이다.

코로나19 기간이어서 성대한 출판기념회는 갖질 못하고
참여 저자와 ZOOM으로 만나는 발간 축하 행사였다.

K 속도 한국 경쟁력의 뿌리

_임정덕 지음

이토록 논리적으로 '빨리빨리 문화'를 한국의 경쟁력으로 증명한 책은 없다!

저자는 부산대 경제학과 명예 교수로 부산에서는 잘 알려진 분.
e메일로 보내온 출간 기획서를 검토하고 원고를 보는 내내 끌림이 있었다.

출판사는 책을 많이 파는 것에 우선을 두어야 하지만
꼭 그렇지 않더라도 독자의 삶에 이바지한 콘텐츠를 가진
양질의 책을 내야 한다는 필자의 욕구에 부합되는 책이었다.

앞서 출간 1년 차에 반드시 출판사 전용 e메일을 가지라고 한 것은
외부 협력 기관으로부터 오는 소식을 받는 것도 있지만
가장 중요한 저자의 출간 의뢰의 통로이기 때문이다.
매일 아침 e메일로 받은 출간 원고를 검토하는 것도 흥미로운 일이며
그것으로부터 새로운 책이 만들어지는 것이다.

100세 시대를 讀하다

_김현기 지음

당신은 어떻게 100세 시대를 준비하고 있습니까?

저자가 10년 동안 1,000여 권의 책을 읽고
10가지 장르로 분류한 '인생의 나침판'과 같은 책이다.
제목만 보면 언뜻 4~50대 이상에게 맞는 것 같지만
그보다 젊은 나이에 읽는다면 100년 인생의 밑그림이 그려지게 된다.

금융권에 종사하다가 퇴직한 저자는
현재 명강사로 활동하고 있으며
저자의 요청으로 인터넷에서만 판매되는 양장본이다.

풀꽃샘_자연은 위대한 스승이며 벗이다

_황운연 지음

풀꽃의 생태를 관찰하는 꽃꾼의 풀꽃 이야기

도서명《풀꽃샘》은 저자의 신분이 선생님이었다는 것에서 나왔다.
발간 후, '풀꽃샘'이란 닉네임으로 불리면 좋겠다는 의도가 숨어 있다.

다른 출판사 소개로 연이 된 저자는 교직을 떠나 자연인으로 사는 분으로
교학상장(敎學相長)의 대상이 학생에서 자연으로 이어졌다.
'가르치고 배우는 과정에서 스승과 제자가 함께 성장'하는 것이다.

책을 만들면 다양한 시각을 갖게 된다. 책 속 한 구절을 소개한다.

'나무를 보지 말고 숲을 보라.'는 격언은
시야를 넓게 가지라는 말이지만 풀꽃을 관찰하는 사람에게는
그와 정반대로 얼굴을 숙이고 몸을 낮춰야 풀꽃이 가슴에 들어온다.

MZ 익스피리언스

_김기진, 김종찬, 박호진, 김소리, 김금용, 조용민, 이진영, 김현미, 정현아, 유연재, 서형석, 가재산, 최요섭, 김대경, 홍규원, 김영헌, 조원규 공저

MZ세대를 경험한 17인이 알려 주는 조직 협력의 인사이트

《하루하루 詩作》, 《아하 나도 ZOOM마스터(아줌마)》를 집필한
김기진 PD가 이 프로젝트 역시 기획과 과정을 통솔했다.

출판하면서 신규 저자를 영입하는 것도 좋지만
저자로 맺은 인연이 계속 책으로 발간되는 것은
서로의 신뢰가 바탕이 되지 않으면 안 되는 일이다.

새 책의 저자를 만나는 쉽고 좋은 방법은
1) 원래 저자가 계속 책을 내는 것
2) 책을 낸 저자의 소개로 새로운 저자가 찾아오는 것
3) (모임이든, 누구든) 소개로 저자가 만나게 되는 것
4) 소개에, 소개를 거쳐 찾아오는 것이다.

유비백세 有備百歲
_유지수, 윤소정, 황순유, 송하영, 이호경, 김경태, 부정필, 황운연 공저

미리 준비하면 걱정할 일이 없듯 100세 시대 특별한 어려움이 없다.

이 책은 어떻게 나오게 되었을까?
어느 날 문득, 흔들의자의 주축을 이루는 4~50대 저자의 생각이 궁금했다.

100세 시대라는데, '그들은 어떻게 준비하는지', 물은 것이 출간된 경우로,
저자가 없다고 책이 안 나오는 것이 아니라,
이미 알고 있는 저자에게 출간 콘셉트를 주고 공저를 끌어내는 것도
책을 만드는 의미와 재미가 된다는 것을 증명한 책이라 할 수 있다.

8인 8색. 저자의 직종은 다양하고 전문적이다.
공저의 가장 좋은 점이라면 홍보 채널이 많다는 것.
생방송 중에 책 출간을 알릴 수도 있고, 북콘서트, 강연, 모임….
개인이 가진 SNS에도 책 홍보를 '융단폭격'할 수 있다.

유비백세有備百歲 출간 기념 4행시 짓기 이벤트

유비백세 출간 기념 4행시 짓기 이벤트

신간 출시를 기념해,
출간 전 티저 광고부터 런칭 광고일까지 진행된 이벤트.
선정자 상품은 출간 도서를 증정해
기출간된 도서 홍보 효과도 함께 노려볼 수 있다.

출간된 도서명이 두 자, 세 자, 네 자의 짧은 제목이라면
신간 출시 분위기 조성을 위해
이행시, 삼행시, 사행기 짓기 이벤트는 권장할만하다.
책 제목이 긴 경우에는 책에 있는 메인 키워드(주제)를 뽑아,
이행시나 삼행시 짓기 이벤트를 실행할 수도 있다.
이벤트에 관한 아이디어는
출판사를 먼저 시작한 다른 출판사에서 얻고 구하면 된다.

세븐 어젠다_행복 선진국을 위한 일곱 과제

_권혁세 지음

우리나라가 행복 선진국이 되기 위해 해야 할 7가지 과제를 제시한 책

국민소득 3만 5천 달러 시대!
'왜 한국인은 행복하지 못하는가!'에 대한 원인을 분석하고
행복 후진국에서 벗어나 행복 선진국으로 가기 위한 해법을
제시한 책으로 저자는 앞에 나온《행복을 보냅니다》를
저술한 권혁세 전 금융감독원장이다.
앞에 있는《K 속도》, 이 책《세븐 어젠다》저자 모두 한국 경제통이다.

출판업을 하면서 돈을 버는 것이 우선의 목적이지만
1년에 1종은 책 판매량의 많고 적음에 연연하지 않고
'국민 계몽을 위한 책'을 출간하고 싶은 것이 필자의 소망이다.
출판인은 어떤 책임감과 의무, 사명감이 있어야 한다고 생각하는데
이런 부류의 책이 그런 책이다.

계룡산에서 자연을 노래하다

_견진 스님 지음

계룡산 고왕암 견진 스님의 자연과의 교감 이야기

몇 해 전, 시집을 발간하고 싶다는 분을 만난 적이 있었는데
그때 만났던 것이 인연이 되어 멀리 계룡산 스님을 소개한 경우로
'인연의 끈은 어디까지인가'를 알게 해준 경우다.

'모든 인연에는 오고 가는 시기가 있다.'라는
'시절 인연'이란 불교 용어도 있지만
굳이 애쓰지 않아도 만나게 되어 있고
아무리 애를 써도 만나지 못할 인연은 만나지 못한다는 것.

책을 만들며 알게 되는 것 중에
'인연의 의미'를 생각하게 하는 것이 출판업이다.

우리는 왜 걷는가

_김재은 지음

사람은 왜 걸어야 하는가!

'행복한 발걸음 모임(행발모)!'
필자가 속해 있는 모임 중의 하나로 여느 책보다도
여러모로 신경을 더 많이 쓰게 된 책이다.

앞서 얘기한 '저자를 만나게 될 여러 경우'를 기억한다면
모임에서 명함을 뿌리고 다니는 것을 잊지 말아야 한다.
모임을 통해 새로운 저자를 만나는 방법은 확률이 높은 경우의 수이다.

한 번 더 말씀드리지만
사람이 있는 곳에 저자가 있고,
저자가 있는 곳에 새 책이 있다.

오십에 시작하는 1인 출판_평생 현역이 답이다. 퇴직 전에 준비하는 출판의 생존 기술
_흔들의자 지음

이 책의 초판 발행 후, 흔들의자 공식 SNS 채널에 시리즈로 연재된 광고 모음. 광고를 쉽게 만드는 방법은 시리즈로 만들면 된다. 광고인이 광고를 잘 만드는 것처럼 보이는 것은 그 방법을 당신보다 조금 더 알기 때문이다.

2024년은 갑진년 청룡의 해로, 새해를 맞기 전, 인스타그램에 실시한 유료 광고(2023. 12~2024. 1). 좌측에 있는 광고의 시즌 마케팅으로 홍보 시기를 적당히 고려해 제작되었다. (시즌 예: 밸런타인데이, 한글날… 등)

책 쓰기 AI가 묻고 인간이 답하다_인공지능도 모르는 작가들의 책 쓰는 비법
_송하영, 윤소정, 황순유, 유지나, 이호경, 김기진, 흔들의자 지음

《유비백세》에 이어 흔들의자 저자들이 함께 참여한 시리즈 2탄. 100명이 넘는 저자(공저 포함) 중에 2종 이상 출간한 분들로 엄선해 진행된 프로젝트. 원래 이 책은 '책 쓰는 방법을 알려주는 실용서'로 제작되었다. 하지만 궁극의 목적은 '당신은 왜 책을 써야 하는가!'라고 할 수 있다.

세상에 같은 책은 없다. 똑같은 광고도 없다. 간혹 책 제목이 비슷하거나 광고 컨셉이 같을 수는 있지만 책도 제품도 똑같은 것은 세상에 없다. 바꿔 말하면 책을 만드는 저자나 출판사는 모두 창조자 Creator이다. '크리에이터가 돼야 한다'는 뜻이다.

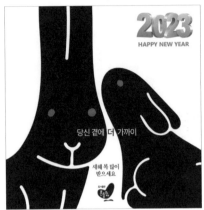

2023 새해 카드 해가 바뀔 때마다 카드를 만들어 배포한다. 별도의 마케팅이 필요 없이 평상시에 안부를 묻는 것만으로도 관계를 유지할 수 있다.

2023 송년 카드 꼭 명절이 아니더라도 서로의 근황을 물으면 좋다. 간단한 안부와 함께 '생존 신고' 차원에서 연락하는 방법도 저자를 가두는 것이다.

2022 추석 새해, 설날, 추석 때 카드를 제작해 배포한 지가 어느덧 12년이다. 무엇을 하든 꾸준히 하는 습관을 들이는 것이 중요하다. 그게 전부다.

2022 정월대보름 때가 되면 찾아오는 특별한 날을 즐길 줄 알아야 한다. 무엇이든지 일로 생각하면 부담이지만 놀이로 생각하면 즐거움이다.

2024 새해 카드 2023년 추석. 긴 연휴 동안 2024
년이 무슨 해인가 보았더니 갑진년 '청룡의 해'. 잠시
생각하다 갑진년은 값진년! 우리말은 음성언어다.

2024 정월대보름 '갑진년이 값진년'은 60년에 딱
한 번밖에 쓸 수 없다. 블로그에 포스팅하면 보통
3,000~7,000 정도 클릭수이다. 꾸준히 한 결과다.

ᄃᆞᆯ하 노피곰 도ᄃᆞ샤
어긔야 머리곰 비취오시라
어긔야 어강됴리
아으 다롱디리   _井邑詞 원문

달님이여, 높이금 돋으사
아아, 멀리금 비치시라
어긔야 어강됴리
앗싸 육일 노는구나 _井邑詞 개사 풀이

2023년 추석 연휴는 6일. 뭘로 할까 하다 추석 이미지는 보름달. 그 위에 숫자 6으로 육일 연휴를 표현하고
더불어 40년도 더 지난 고교 때 배운 삼국시대 고대 가요 '정읍사'를 패러디했다. 필자의 저서 《퍼블리싱 광고
마케팅》에 10년 동안 제작한 카드가 있지만 몇 개의 예시만 들었다. 다 재미로 하면 된다.

제3장

퇴직 전에 준비하면
더 좋습니다

직장생활을 하는 동안 5년만 준비하세요

퍼즐도 출판도
놀이로 생각하면 즐거운 일이다.

출판사 창업은 쉽기에
직장생활을 하며 할 수 있다.
직장은 퇴직하면 끝이지만
1인 출판은 퇴직 없는
평생 현역의 신분이 보장된다.

성취감은 그것을 해본 사람만이
가질 수 있는 특권이다.

처음 1년만 출판에 길들면 퇴직 후에도
'평생 현역'으로 일하며 돈 벌 수 있다.
해보는 수밖에 길은 없다.

YES. YOU CAN DO IT.

* 본문에 소개된 '화면 캡처'는 기관의 홈페이지 리뉴얼에 변경될 수 있으며,
사업자 등록 외에 각종 계약(배본사, 서점 등)은 첫 책 ISBN을 받은 후에 하십시오.

01
출판창업

1) 출판사 등록 절차

출판사는 누구나 신청할 수 있는데 '출판사 등록'보다는
'출판사 신고'가 더 정확한 표현이다.

출판사 신고를 하려면

① 출판사 이름을 정한 후, 소재지의 구청 문화체육과에 방문,
신청서를 접수한다. 이때 기존 출판사와 혼동을 피하고자 고유
이름을 결정해서 방문해야 하는데, '출판사 인쇄사 검색시스템'을
포털 창에 입력해서 알아보거나 book.mcst.go.kr에 접속하면
된다.

출판사 인쇄사 검색시스템

일반적으로 가정집은 사업장이 될 수 없지만, 출판업은 예외로 '무점포 창업'이 가능한 이점이 있다. 출판사 신고가 완료되었다는 문자를 받으면, 구청에 방문, 등록면허세 27,000원을 납부하고 '출판사 등록증'을 수령한다. (등록면허세는 매년 1월에 연간 납부하면 된다.)

출판사 신고에 필요한 서류

- 출판사 신청서 작성(구청에서 작성 가능)
- 개인 신분증
- 도장 또는 자필 사인
- 사업장 임대 계약서(본인이 거주하는 집인 경우, 등기부 등본)

② 사업자 등록은 구청으로부터 받은 '출판사 신고 확인증'을 가지고 관할 세무서에서 발급받으면 된다. 사업자 등록은 상업적인 매출/매입이 발생하는 상거래를 하기 위한 것으로 사업자 등록을 하지 않고는 출판업을 할 수 없다. 일반적으로 출판은 면세 사업자가 대부분이다. 출판사 등록 후, 주소지가 변경되면 변경된 주소지 관할 구청에 이전 신고를 해야 하며 사업자 등록증도 새로 교체·발급받아야 한다. 출판은 면세 종목으로 출판으로 인해 발생한 부품에는 부가가치세가 면제되나 소득세, 지방세, 면허세 등 세금은 그대로 부과된다. 비교적 매출 규모가 크지 않은 1인 출판사나 작은 출판사의 경우, 국세청 사이트에서 '간편장부'를 이용하여 세금을 신고하면 되고 사용 방법도 간단하다.

사업자 등록에 필요한 서류

- 출판사 신고 확인증
- 사업장 임대계약서(자가, 공유 오피스 등)
- 대표자 신분증
- 도장 또는 자필 사인

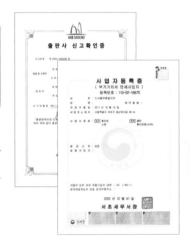

필자의 경우 '출판사 신고'부터 '사업자 등록증' 수령까지 소요 기간 이틀, 보통 3일 내로 완료된다.

2) ISBN은 무엇인가

ISBN은 국제적으로 통용되는 도서 식별 번호로 발행자 번호와 부가 기호로 이루어져 있다. 발행자 번호는 출판사를 등록하면 부여받을 수 있고 ISBN을 신청하는 곳은 국립중앙도서관이다. (국립중앙도서관 홈페이지 https://www.nl.go.kr/seoji/)

국립중앙도서관 홈페이지

국제표준도서번호: 13자리

ISBN	979	–	11	–	86787	–	38	–	1
	접두부		국가번호		발행자 번호		서명 식별번호		체크기호

3) 네이버 공식블로그(포스트) 개설

출판사는 대내외적으로 공식 채널을 가져야 한다. 홈페이지를 개설하는 것도 좋고, 포털 사이트인 네이버에 블로그를 만드는 것도 좋다. 필자의 경우, 네이버에 블로그와 포스트, 두 개를 운영하고 있으며 신간이 출시될 때마다 두 곳에 모두 포스팅한다.

출판사 블로그(혹은 포스트)를 개설한 후, '네이버 공식블로그'(초록색 인증마크_빨간 원)를 신청하면 좋다. 이는 특정 기관에서 전달하는 '공신력 있는 정보'임을 나타내는 것으로 고객센터를 이용해 신청하는데 출판사는 모두 받을 수 있다. (네이버에 '네이버 공식블로그 신청 방법' 검색)

https://post.naver.com/my.nhn?memberNo=22140383

4) 1인 출판사의 성지, 네이버 카페 '책공장'

1인 출판사를 하면서 '책공장'은 꼭 가입해야 하는 필수 카페이다. 당신이 출판에 대해 알고 싶은 거의 모든 것이 책공장에 다 있다. 인쇄, 편집, 견적, 유통, 도서 보관 등 궁금한 것이 있으면 물어보면 된다. 책공장은 출판에 관한 한 '정보의 보물창고'로 인디자인 강의, 크라우드 펀딩 등 무엇이든 물어보면 출판계 선배의 답변을 들을 수 있다. 편집디자이너, 일러스트 작가의 알바 구함 광고도 가끔 볼 수 있고, 인쇄소도 있다. 일반 카페와 달리 몇 개의 가입 조건 승인 후, 정회원이 될 수 있고 활동량에 따라 등급이 바뀐다.

책공장 초기화면

02
각종 계약

1) 물류 창고(도서 배본사) 계약

책이 서점에 유통되기 위해서는 물류창고(도서 보관)가 있어야한다. 책이 인쇄소를 떠나 제일 먼저 가는 곳이 물류창고(배본사)이다. 사업자 등록증과 명함을 가지고 배본사를 방문해 계약하면 된다. 필자가 이용하는 곳은 파주에 있는 '해피데이'다.

서점(교보, 영풍, YES24, 알라딘, 북센)과 계약을 할 때도 '배본사'가 어디인가를 반드시 기재해야 하기에, 서점과의 계약에 앞서배본사를 먼저 정해야 한다. 어느 배본사가 좋은가도 '책공장'에

질문하면 누군가는 답을 해줄 것이다. 도서의 출고, 반품 정리를 위해 물류센터에서 운영하는 '판매재고 관리 프로그램'을 연동하여 사용하면 된다. 매일(월~금) 오전, 각 서점으로부터 들어오는 주문을 배본사로 출고 의뢰하면 각 서점에 입고되는 시스템이다.

물류센터 '해피데이' 초기화면

배본사의 '판매재고 관리 프로그램'은 도서의 서점출고, 택배출고 및 출고조회, 재고조회, 반품조회, 폐기 요청, 기간별 입고/출고, 및 도서별판매집계, 서점별판매집계, 월별판매집계 등 통계 자료와 서점별원장 관리, 저자인세관리까지 일목요연하게 볼 수 있는데, 필요한 것만 사용하면 된다.

판매재고 관리 프로그램

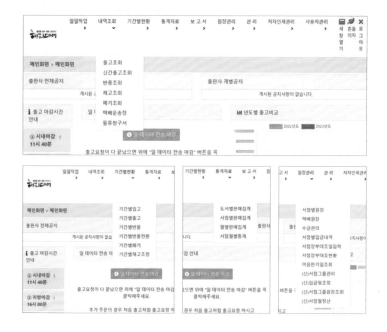

필자의 경우, 63종 출간으로 물류창고에 10,000부 정도의 재고가 있는데 매월 60만 원 내외의 비용이 지출되며(출간 종수에 비해 재고가 적은 편), '물류창고 보관 비용'을 줄이기 위해 6개월마다 주기적으로 도서를 폐기하고 있다. (반품 도서 및 출간 5년 이상 된 정품 도서 중, 연 10부 이하 팔리는 책으로 연간 500~1,000부 폐기). 또한 도서 1~2종 정도를 유통할 때, 월 20만 원 내외의 고정비용이 지출된다. (물류업체마다 다르며, 도서 재고 및 입출고 물량과 택배 물량에 따라 지출 비용의 차이가 있음.)

견 적 서

품 명	규 격	수 량	단 가	금 액	비 고
임대료	권	1			월말 재고
시내배송	기본(월정액)	1,000			서울, 일산 파주
	추가	1			
지방배송		1			시내 외 지역
택배	작업 비	1권		자재비(박스) 포함가	
	박스	小 (80cm 이하) (가로+세로+높이)			
		大 (80cm 이상 100이하) (가로+세로+높이)			
반품비	시 내	1덩이		반품 해체 권당	
	지 방				
	종당 관리	1종 당		반품입고 종수	
	재 생	1권 당			
기타 관리비					
1종당 관리비					

2) 서점 계약

교보문고(파주 출판단지), 영풍문고(종로), YES24(여의도), 알라딘(서소문), 북센(파주). 책이 독자의 손에 쥐어지기까지 여러 단계를 거치지만 서점과의 계약은 흥분되는 일 중의 하나다. 서점마다 계약 담당자가 있으니 전화 문의로 약속을 잡거나 온라인으로도 가능하다. 사업자등록증, 인감, 통장 등 서점마다 구비서류가 다르므로 요구 서류를 준비해서 계약하면 된다. (요즘은 첫 책의 ISBN을 받은 후에, 온라인으로 계약하는 것이 일반적이다.)

서점과의 계약 시 중요한 부분이 있는데 바로 공급률이다. 공급률이란 서점에 책을 납품할 때 공급하는 일정 비율이다. 예를 들어 15,000원짜리 책을 공급률 60%로 계약한다면, 출판사는 권당 9,000원, 서점은 6,000원을 나눠 갖는 구조이다.
즉, 정가 15,000원짜리 책이 한 권 팔리면 출판사에 입금되는 돈은 9,000원, 이것에서 인쇄비, 저자 인세, 편집비 등 실제작비를 제외하면 보통 권당 3,000원 내외가 순수익이다. (공급률은 55%~65%가 제일 많은데, 계약 시 서점은 공급률을 더 내리려고 하고 출판사 5%라도 더 올리려고 하는 줄다리기가 있다. 또한 '매절'에 대해서도 신중히 생각해 보는 것이 좋으며, 책공장에서 답을 얻을 수도 있다.)

서점 계약이 끝나면 출판사와 각 서점 간의 통계/관리 창구인 SCM이 연결되며, 주문·판매·계산서 발행액 등 매일 로그인해서 보면 된다.

교보문고 SCM 초기 화면

교보문고 판매 리스트(23. 10~24. 3). 최근 6개월 동안 3종 출간이지만 판매된 책은 40종. 종수가 많을수록 기본 수입이 많다. 눈이 오나 비가 오나, 쉬는 날도 해가 바뀌어도 책은 일하고 돈 벌어 주고 있다.

KYOBO 교보문고 협력사네트워크

| 협력사정보 | 도서정보 | 주문/공급 | 거래정보 | 판매장 |

판매[주문] 확인 ▣ | 단품별 오프라인 판매 및 온라인 주문내역 등을 확인하는 메뉴 입니다.

조회기간 2023-10-01 📅 ~ 2024-03-31 📅

※ 직전 5년이내 내역만 조회되며, 한번에 조회할 수 있는 기간은 6개월 입니다

조회내역

	ISBN	상품명	출판일자
1	9791186787236	100년 만의 세계경제붕괴 위기와 리플혁…	2020-02-22
2	9791186787489	100세 시대를 독하다(양장본 Hardcover)	2022-08-26
3	9791186787373	67년생 바람의 기억	2021-07-23
4	9791186787465	K속도 한국 경쟁력의 뿌리	2022-04-26
5	9791186787502	MZ 익스피리언스	2022-10-28
6	9791186787069	간호대로 가는 길	2017-06-10
7	9791186787533	계룡산에서 자연을 노래하다	2023-05-05
8	9791186787076	그깟 행복(행복디자이너 김재은의)	2017-06-20
9	9791186787304	글 쓰는 뇌	2020-11-21
10	9791186787045	꿈꾸는 카메라(개정판)	2017-05-01
11	9791186787205	내일은 더 잘될 거예요	2019-11-20
12	9791186787229	누군가 내 마음을 몰라줘도(양장본 Har…	2020-02-12
13	9791186787441	다시, 몰입	2022-03-17
14	9791186787342	더 늦기 전에 돈 공부 좀 하시죠	2021-02-19

15	9791186787403	돈 버는 NFT 처음부터 제대로 만들고 판···	2022-01-08
16	9791186787458	명언, 그거 다 뻥이야(내가 겪어보기 전···	2022-04-08
17	9791186787106	문화정책 문화행정	2018-01-25
18	9791186787113	배싸메무초 걷기 100선	2018-03-25
19	9791186787212	생각마법서	2019-12-07
20	9791186787526	세븐 어젠다	2023-04-20
21	9791186787274	아나운서 절대로 하지마라	2020-09-05
22	9791186787298	아하 나도 줌zoom 마스터	2020-11-07
23	9788996822158	앗 영어책이 읽힌다 내게 무슨 일이 일···	2012-09-25
24	9791186787090	어느 피아니스트의 서시 그리고 음대로 ···	2018-01-03
25	9791186787366	연 사랑은 시처럼 오지 않는다	2021-05-28
26	9791186787557	오십에 시작하는 1인 출판	2023-09-03
27	9791186787540	우리는 왜 걷는가	2023-05-25
28	9791186787519	유비백세	2023-03-01
29	9791186787564	의정활동의 꽃	2023-12-08
30	9788996822196	인생을 이끌어 줄 일곱단어	2015-10-01
31	9791186787250	지나간다 다 지나간다	2020-07-04
32	9791186787328	지나간다 다 지나간다 2	2021-01-08
33	9791186787571	책쓰기 AI가 묻고 인간이 답하다	2024-03-15
34	9791186787427	크루 스탠바이	2022-02-08
35	9791186787182	팝의 위로	2019-09-21
36	9791186787380	퍼블리싱 광고 마케팅	2021-09-03
37	9791186787496	풀꽃샘	2022-09-28
38	9791186787243	하루하루 시작	2020-04-05
39	9791186787359	한의대로 가는 길	2021-03-05
40	9791186787397	행복을 보냅니다(양장본 HardCover)	2021-12-11

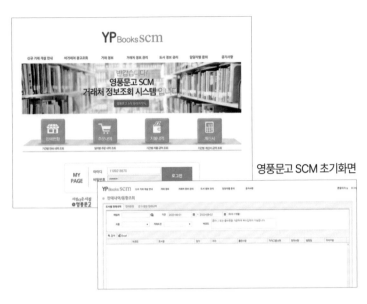

영풍문고 SCM 초기화면

YES24 SCM 초기화면

알라딘 SCM 초기화면

북센 SCM 초기화면

03
인디자인

1) 인디자인은 1인 출판사 생존의 필수 기술이다

출판을 하며 하루라도 빨리 손익분기점을 넘기는 방법은 인디자인을 배우는 것이다. 보통 편집을 외주로 맡길 때는 300만 원 내외의 비용이 든다. (난이도에 따라 다름) 도서 판매로 200만 원의 순수익을 올리려면 500부 이상은 팔아야 하는데 신생 출판사의 경우, 500부 판매가 쉽지 않다. 따라서 편집은 대표자가 할 줄 알아야 하며, 손에 익은 인디자인 기술은 출판하는 동안 계속 활용할 수 있다.

신간이 나와 서점에 서지정보를 보낼 때, '책 미리보기'도 만들어야 하고 SNS에 포스팅하는 그림도, 카드 뉴스도 다 인디자인으로 작업한다. 사용법은 유튜브를 보거나 책을 사 보아도 된다. 창업 비용에 인디자인과 포토샵, 일러스트 프로그램 구매 비용이 들어가는데 무턱대고 살 게 아니라, 유튜브를 통해 작업의 진행 과정을 먼저 보고 구매하기를 특별히! 강력히! 권장한다. 프로그램 구매비가 적지 않은 이유도 있지만 '기껏 사 놓고 쓰지도 않는다.'란 오류를 범하게 하고 싶지 않기 때문이다.

출판 사업에 있어 '인디자인 기술'은 '돈 벌어주는 파트너'이며, 부부가 1인 출판을 하는 경우도 많아 배우자와 함께 배우는 것도 적극적으로 추천한다.

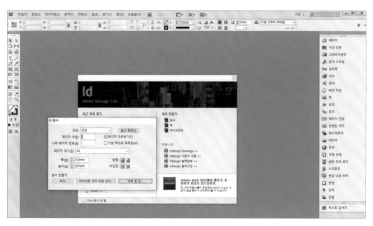

Adobe InDesign CS6

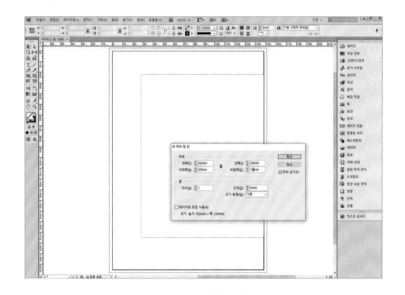

잠시, 생각할 시간을 가져 보자. 처음으로 아래아한글이나 MS워드, 엑셀을 접했을 때나, PPT 자료 만들 때를 회상해 보시라. 독수리 타법으로 시작해 자판이 익숙해지면서 타이핑이 빨라지고, 필요한 자료 사진을 첨부해야 하니까 '그림 불러오기'하고, 밋밋한 부분을 채우려고 헤드라인에 색깔도 넣고… 했을 것이다. 인디자인도 마찬가지다. 편집 프로그램이니까 탭의 종류가 있고, 탭마다 기능이 다를 뿐이다. PPT 만드는 것도 하다 보면 알게 되듯, 천천히 배우면 된다. 해보지 않은 거라 익숙하지 않은 것이다. 인디자인 배우는 걸 어려워 마시라. 특별한 용기가 필요한 일도 아니지 않는가!

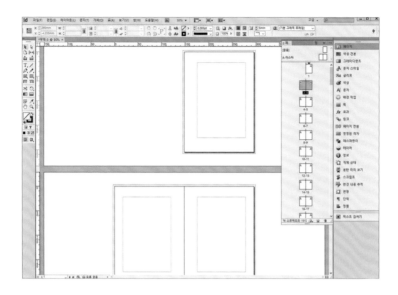

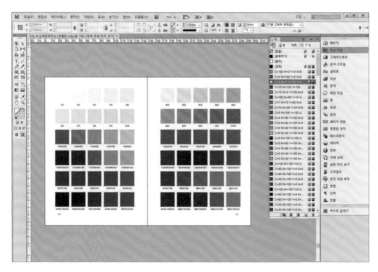

2) 표지 전면 만들기와
책등(세네카) 계산

유튜브나 책으로 인디자인을 공부하
다 보면 다 알게 되지만, 책이 만들어지
려면 인쇄소에 출력용 파일을 보내야
하는데, 출판을 처음 하는 사람들이
실수를 범하기 쉬운 부분이 있다. 표지
전면을 만들 때, 책 두께 계산을 잘못
해 표지를 재인쇄하는 경우다. 시행착
오를 하며 경험이 쌓이는 거지만 이런
실수를 하는 것은 억울한 일이다.

책등(세네카) 계산법

1. 내지의 총 페이지를 장 수로 계산하여 재질의 높이를 산출한다.
2. 본문 용지가 '모조지'일 경우: 장 수 × 종이g × 1.11 ÷ 1000
3. 본문 용지가 '아트지', '스노우지'일 경우: 장 수 × 종이g × 0.89 ÷ 1000

실제 예를 들어 설명하면,
본 도서의 총 페이지 수는 192페이지(면지 포함), 장수로는 96장,
본문 용지가 '100g 모조지'로 96 × 100 × 1.11 ÷ 1000 = 10.656mm
책등은 10mm로 작업되었다. (소수점 이하 버림)

표지 크기(128×188)와 표지 전체 크기(466×188)

1. 표지 전체 크기: 가로 466 × 세로 188 mm

　　　　　　　466(100 + 128 + 10 + 128 + 100) × 188

여기서 주의할 점은 앞표지와 뒤표지에 그림이나 전체 색깔이 있는 경우,

3mm씩 여분을 두어야 책이 제본되어 나왔을 때 깨끗하다.

3) 포토샵(기초 단계면 OK)

표지나 본문에 들어가는 사진이나 그림을 넣을 때, 칼라는 칼라 (CMYK)로 변환시키고, 흑백은 Grayscale로 변환해야 한다. 또한 인디자인에서 만든 PDF를 광고용이나, 미리보기용 jpg 이미지를 만들 때 포토샵은 필수로 색 변환, 칼라 조정, 배경 지우고, 늘리기, 누끼 등 10~15개 정도 기본적인 툴 사용법만 알면 책 한 권 만드는 데 큰 어려움이 없다. 더 많은 기능을 활용하는 건 자유 의지다.

책이 출간될 때마다 만드는
3D입체 표지의 경로는 탭에서
2D표지와 책등 그림(레이어)를
Edit 〉 Transform 〉 Scale
　　　　　　　　　　　Skew
로 적절히 조정해 만들면 된다.

4) 일러스트(기초 단계면 OK)

다운받은 로고 작업 Ai 파일을 열거나 변환할 때 사용하는 그래픽 툴이다. 크리우드픽, 게티 이미지, 셔터스탁 등 상업적 이용이 가능한 사진이나 EPS 이미지를 조정해 표지나 본문에 넣어야 할 때 필요하다. 상업용 이미지를 구매해 사용하는 것은 편집 결과물(책)을 보기 좋게 한다. 포토샵과 일러스트는 전문 분야로 배우려고 들면 끝도 없이 많지만, 책을 만드는 일에 있어서 기본적인 툴 사용만으로도 가능하다. 더 많은 기능을 활용하는 것은 개인의 노력이다.

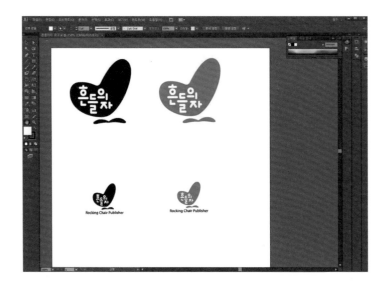

**04
협력기관**

즐겨찾기에 추가하고 주 1회는 꼭 방문하세요

출판은 오래된 산업으로 출판에 연관된 협력 기관은 많고, 기관마다 하는 일도 다양하다.

앞서 '출판 1년 차' 7번 항목에 있듯이, 출판의 협력 기관은 출판을 하는 한 즐겨찾기 대상이다. 회원 가입을 하면 정기적이든 비정기적이든 수시로 안내 메일이 온다. 무료 강의로 출판에 대해 알려 주기도 하고, 저작권 강의, 각종 공모전, 설문 조사, 특별 이벤트 행사 등 출판을 하는 한 친해져야 하는 고마운 기관들이다.

1) 한국출판문화산업진흥원

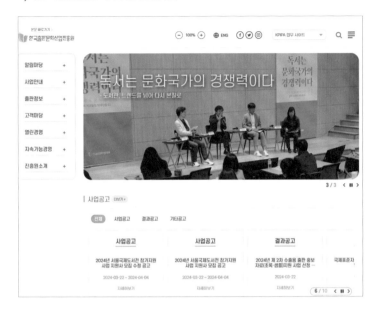

▶ 한국출판문화산업진흥원(마포구): 회원 가입 필수

　- 세종도서 신청(상금 800만원)

　- eBook 제작 지원 사업(기획서, 출간도서 모두 가능_수시. 상금 30만원~100만원)

　- 해외 국제도서전 무료 참가 기회

　- 표준계약서 양식 다운로드

　- 각종 출판 관련 무료 강의 및 시설 무료 이용(오디오북 제작, 강의장 신청)

2) 대한출판문화협회

대한출판문화협회가 하는 일 중에 가장 고마운 것은 출간 도서의 납본 대행이다. 출간된 책은 국립중앙도서관과 국회도서관에 반드시 납본해야 하는데 그 업무를 대행하며 계산서도 이곳으로 발행하면 된다. 또한 해마다 개최하는 '국제도서전'의 메인 주체 기관으로 회원 가입하면 행사 소식 안내 메일이 온다.

▶ 대한출판문화협회(종로구 삼청로, 방문 또는 택배)
 - 종이책: 국립도서관, 국회도서관 납본 대행(신간 출간 시 필수 사항, 계산서 발행 등)
 - 국제도서전 신청(매년 6월_코엑스) 외 다양한 소식과 정보 제공

3) 국립중앙도서관

ISBN을 신청하고 바코드를 다운받는 곳으로 한 권만 출간해보면 다 알게 되지만 초보자가 하는 실수라면 PDF 파일을 넣는 것보다 'EPS 파일을 다운'받아 사용해야 서점 계산대에서 바코드 스캔이 잘 읽힌다.

▶ ISBN 정정/삭제(국립중앙도서관 ISBN·ISSN 납본시스템)
- 신청을 통해 변경 가능한 정보(정정신청)
; 제목 변경, 저자 사항, 판형, 제본형태, 가격, 발행일, 키워드. 본문 언어
- 신청 없이 수정 가능한 정보(기타 정보 수정)
; 책표지, 책소개, 목차, 저자 소개, 요약/본문 일부, 출판사 서평
▶ eBook 출간 시
- 납본 안내, 양식 다운로드 및 계산서 발행 등 메일로만 접수하고 처리된다.

05 투자 비용과 세금 신고

1) 재택근무 시 1,000만 원* 이내 투자로 할 수 있는 사업이다

투자 없이 할 수 있는 사업은 없다. 카페나 음식점, 각종 프랜차이즈, 편의점, 빨래방…, 그 무슨 사업을 하든 간에 사업을 시작한다는 것은 그에 따른 창업 비용이 들게 마련이다. 1인 출판은 '무점포 창업'이 되는 업종으로 집에서 출판업을 할 경우, 출간에 필요한 장비만 갖추면 할 수 있는 사업으로 초기 투자 비용이 적다. 당연하지만 투자금의 회수 기간은 도서 판매에 달렸으며 누적 출간 종수가 많을수록 수익은 더 늘어나니 출간을 멈추어서는 안 된다.

---

* 종이책 출간 기준이며 eBook만을 출간하면 비용은 훨씬 적게 든다.

A) 컴퓨터 주변기기 구비

(흑백 복합기(프린터, FAX, 스캐너) & 24인치 이상 큰 모니터(노트북 X))

    └ 칼라 복합기를 보유하면 더 좋겠지만, 흑백 복합기 한 대만 있으면 충분하다. 전화와 팩스는 기본으로 전화는 휴대폰에 착신해 놓는 게 좋으며. 팩스는 항상 열어 둔다.

인디자인, 포토샵, 일러스트 프로그램을 원활하게 하기 위해 저 사양 컴퓨터는 작업에 불편함이 있다. 되도록 최신 사양에 큰 모니터를 사용을 권장하며, 듀얼 모니터를 추천, 노트북은 화면이 작아 작업에 불편함이 크므로 절대 추천하지 않는다.

B) 인디자인 프로그램 구매 필수

(포토샵, 일러스트 포함. 서체는 무료 서체 이용 가능)

    └ 인디자인 프로그램, 포토샵, 일러스트 정품은 구매하고(월 사용료를 내는 방법도 있다), 유료 서체도 필수로 구매해 사용하거나, 상업적 이용이 가능한 무료 서체를 이용해도 된다. (찾아보면 무료로 쓸 수 있는 서체는 많다.) 무료 서체는 인터넷으로 검색 후 다운받아 이용하면 되는데 사용 범위(규정)를 반드시 준수해야 훗날 문제가 생기지 않는다.

C) 저자 인세

 └ 본인이 직접 저자가 되지 않는 이상, 저자 인세를 지급해야 한다. 인세를 지급하는 방법은 3개월마다 팔린 도서 수량을 정산해 지급하는 방법과 출간 전후에 일시금으로 지급하는 방법이 있는데 계약할 때 저자와 협의하면 된다.

보통 인세는 초판 인쇄 부수와 책값의 7~10%를 곱해 지급한다. 예를 들어 책값이 15,000원, 초판 1,000부를 발행할 때 1,500 x 1,000부는 1,500,000원이 저자 인세이다.

D) 인쇄

(용지대, 인쇄비, 표지 후가공 등 포함)

 └ 일반적으로 1,000부 인쇄의 경우 300만 원 내외이다. 다만 페이지 수, 후가공(무선 제본, 양장 등)에 따라 비용 차이가 크게 나기도 하니 인쇄소와 협의할 일이다.

E) 물류창고 이용비

(도서 발간 후 책 보관-교보, 영풍, YES24, 알라딘, 북센, 직거래 서점)

 └ 도서의 출고 수량, 반품 도서 해체, 도서 보관, 택배 수량, 횟수 등 입출고 수량 및 재고에 따라 다르며, 물류 배송 회사마다 조금씩 비용 차이가 있다.

F) 저작권 유료 사용

(시, 노랫말) * 책 제목은 저작권이 없다.

└ 출간 원고에 인용된 시나 노랫말의 경우, 저작권료를 지불하고 사용한다. 처음 책을 쓰는 저자의 경우, 잘 몰라서 유명한 시나, 유행가 가사를 본문에 많이 인용하는데, 인용하는 것은 상관없지만 반드시 저작권료를 지불하고, 승인 계약서를 받은 후에 사용해야 한다. (저자 지급)

G) 홍보비

(오프라인 서점, 온라인 서점, 페이스북, 인스타그램 등 자유)

└ 마케팅 비용은 어디에 어느 방법으로 어떻게 집행하느냐로 매체마다 큰 차이가 있다.

2) 세무 신고와 계산서 역발행

출판사가 해야 하는 세무 신고는 '사업장 현황 신고'(1월), '종합소득세 신고'(5월)이다. '사업장 현황 신고'는 지난해 발생한 매출액과 매입액을 신고하는 것으로 매년 1월~2월 초에 한다. 국세청 홈택스를 이용해도 되고 관할 세무서를 방문하여 신고해도 된다.

'종합소득세 신고'는 전년도의 자료를 가지고 매년 5월에 신고한다. 매출과 매입을 계산하여, 국세청 홈페이지에서 하면 되는데 매출액에 대비 매입 자료는 45%~55% 정도가 적당하다고 한다.

요즘은 거의 모든 사업장이 전자계산서를 발행하기에 별도의 집계 항목이 거의 필요 없다. (전자계산서 발행시, 국세청에 자동으로 전송되어 저장되어 있음.)

교보문고와 영풍문고의 경우, 매월 매출액을 역발행 계산서(서점에서 발급 → 출판사 승인)로 발급하는데, 필자는 SmileEDI(유료/월 11,000원)를 이용한다.

YES24, 알라딘, 북센 및 기타 지방 유통 서점은 정발행 계산서 (출판사 발행→서점 승인)로 계산서 발행 건에 대한 것은 홈택스 (무료)를 이용하지 않고, 매년 1월과 5월에 세무 신고에 관한 것만 홈택스를 이용하고 있다.

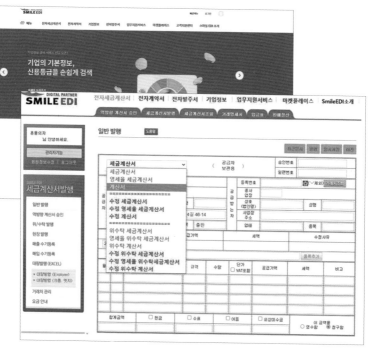

SmileEDI 계산서 발행

06
실행이 전부다

1) 연애는 책으로 배우는 게 아니다. 출판도 마찬가지다.

> 06시 50분: 알라딘
> 08시 02분: 교보문고(인터파크 포함)
> 08시 55분: YES24
> 09시 50분: 북센
> 10시 40분: 북센(추가 발주)
> 0시 50분: 영풍문고

이것은 서점으로부터 주문 오는 시간이다. 오늘도 이른 새벽부터 (월~금) 울리는 FAX 소리음으로 돈이 들어오는 것을 예감하며, 감사한 하루를 시작한다. 이 책을 보는 사람도 그렇게 될 것이다.

최근 자비출판이 많아지고 있다. 자비출판이란 책을 내고 싶은 저자가 책 만드는 데 필요한 비용을 부담하고 출판사는 출간 후 유통과 홍보업무를 하는 것이다. 책을 펴내고 싶은 저자 층이 많은 미국이나 유럽에서는 어느 정도 보편화된 출판방식으로 우리가 아는 유명 저자 중에도 자비출판으로 책을 낸 경우가 많다.

우리나라도 자비출판이 늘어나면 늘어났지, 줄어들 것 같지는 않은데 그 사람들과 우리는 저자와 출판사의 관계로 만날 수 있다. 덧붙여 책 쓰기 유료 강의에 대중이 몰리는 것은 자기 책을 내고 싶은 사람이 그만큼 많다는 뜻이고 그들 또한 저자로 유입될 수 있다.

시장은 확보되어 있다. 저자의 소개로 '찾아오는 새 저자'가 있으면 출판은 '안정권에 진입'했다는 뜻으로 받아들이면 좋을 것이다. 또한 출판을 하면 꼭 좋은 일만 생기진 않는다. 그럴 때면 '사람은 사람으로 잊고, 책은 책으로 잊으시라'는 말씀을 꼭 드리고 싶다.

출판 관련 책을 많이 읽는다고 출판사를 할 수 있는 것은 아니다. 혹시나 '출판을 쉽게 해보려는 속셈'으로 보는 사람이 있는데 연애를 책으로 배울 수 없는 것처럼 출판도 책으로 배우는 게 아니다. 출판은 책 한 권마다 제각기 다른 경험을 주는 실행의 결과물이다.

2) 얇지만 단단한 책에서 작지만 야무진 책으로 makeover!

서문에도 있지만 이 책은 《오십에 시작하는 1인 출판》의 개정판이다. 이 책의 초판을 보고 인터넷 서점과 블로그에 불만족스러운 서평을 쓴 독자도 있다. 이해는 되지만 동의할 수는 없다. 확신하지만 그런 사람은 아직 출판을 시작조차 하지 못하고 있을 것으로 여겨진다. 앞서 말한 실행으로 하나씩 알아가는 것이기 때문이다. 초판은 호불호가 갈린 책이다. 호의를 가지고 쓴 어느 독자의 감상평이 이 책을 출간한 필자의 뜻과 속내를 정확히 꿰뚫고 있어 소개한다.

> 우선 올해 제 나이가 만 50이고, 이제 막 1인 출판을 시작한 터라,
> 제목에서부터 이 책은, 나를 위해 만들어진 듯한 기분이 듭니다.
> 감상평을 한마디로 요약하자면
> "얇지만 단단한 책"
> 책을 읽는데(정독) 2시간이 채 안 걸립니다.
> 흔들의자의 경험과 노하우를 단단히 압축하여
> 저와 같은 1인 출판 새내기에게 꼭 전하고 싶은 메시지만 담은 듯합니다.
> 책공장 등을 기웃거리면서 알게 된,
> 산발적 지식을 일목요연하게 정리한 느낌.
> 새내기분들에게 강추합니다.
> 무엇보다 관심 있게 본 내용은 저자 발굴 노하우.
> 첫 책 출간을 앞둔 제가 벌써부터 고민하는 문제인데
> 다음 책 저자를 어디서 찾아낼 것인가에 관한
> 훌륭한 아이디어를 얻었습니다.

출판사를 운영하며 책을 출간해보면 알게 되는 일이겠지만
출판사 입장에서 제일 두려운 건 독자의 서평이다.
학창 시절 마음 졸이며 받았던 성적표를 다시 받는 기분이다.

"산발적 지식을 일목요연하게 정리한 느낌,
그리고 다음 책 저자를 어디서 찾아낼 것인가에 관한
훌륭한 아이디어를 얻었다."

무슨 말이 더 필요할까?

이것이 책을 만드는 사람의 기쁨이고, 자부심이고, 저자로서의 보람이다. 누군가의 삶에 도움을 주는 일이고 누군가의 인생을 바꿔줄 수 있는 것보다 보람 있고 가치 있는 일이 세상에 얼마나 있을까? 내가 더 감사한 일이다.

출판은 손이 많이 가는 일이지만 그것을 즐기면 된다.
해보지 않은 일을 한다는 것은 두려움으로 시작되지만,
하다 보면 그것을 즐기고 있다는 생각이 드는 날이 반드시 온다.
즐긴다는 건 어쩌면 '놀이의 경지'까지 오른 것이다.
책 만드는 것을 일로 생각하지 않고 즐기다 보면,
광고 만드는 것 또한 재미난 놀이가 되는 날이 반드시 온다.

너무 많이 회자되어 처음 이 글귀를 대할 때보다
감흥이 떨어지지만, 공자님 말씀 중에,

知之者不如好之者
好之者不如樂之者
지지자불여호지자
호지자불여락지자

 그것을 아는 사람은
그것을 좋아하는 사람만 못하고
그것을 좋아하는 사람은
그것을 즐기는 사람만 못하다

이 글이 힘겹고 지루할 때 '아직 때가 되지 않았구나!' 라고
생각하면 슬럼프가 왔을 때 거뜬히 넘길 수 있다.

1인 출판! 시작은 쉽지만, 지속이 쉽진 않다는 것을 안다.
하지만 꾸준히 하다 보면 '즐기는' 단계까지 도달하게 돼 있다.
'이 또한 지나가리라'라는 것을 이미 아는 나이 아닌가.
어떤 상황이든 '도 닦고 있다' 생각하고 견뎌 내면 된다.

퇴직 전에 하는 수고가
평생 일하며 살게 하고 평생 돈 벌게 해 주는데
그 정도는 감내할만하지 않은가.

처음부터 다 아는 사람도 없고
처음부터 다 잘하는 사람도 없다.
노력하면 된다.
자신을 출판인으로 길들이면 된다.

얼마 전에 알았지만, 예비 저자들에게 '출판사 리스트 엑셀 파일'
로 공유되고 있다. 수백 개가 넘는 출판사가 그 리스트에 있는데
그중에 한 칸을 '흔들의자'가 채우고 있다. 가나다순으로 돼 있는
덕(?)에 맨 마지막 한 자리를 차지한다.

모쪼록 출판을 시작하는 귀하의 출판사 이름도 하루라도 빨리 그
파일에 오르길 진심으로 바라며, 피카소의 명언을 마지막에 두어
이 책이 귀하에게 '요긴한 가치'로 활용되면 좋겠다.

유능한 예술가는 모방하고
위대한 예술가는 훔친다.

제4장

퇴직 후 30년 더 일합시다!

전문가라 불리는 사람도
모두 초보자였다

퍼즐도 출판도 하다 보면
가속도가 붙는 순간이 온다.

처음부터 아는 사람이 어디 있으랴.
흥미를 갖고 하다 보니
조금씩 숙달되는 것일 뿐.

신입 사원일 때를 생각하면
익숙해지는데 시간이 필요할 것처럼
책 만드는 일과 친해지고
인디자인과 친해지고
광고 만드는 것과 친해지면 그뿐!

퇴직 후,
30년 더 일하며 평생 돈 버는 방법,
그것이 1인 출판이다.

YES. YOU CAN DO IT.

도서명 & 부제 / 맞춤법 / 선 / 도형 / Basic 컬러 차트 / 포인트

4장은 부록처럼 보일 수 있다.
하지만 4장은 저자와 출판 계약 후에 맞닥뜨리는 것들이다.

책 제목과 부제 짓는 일, 맞춤법과 띄어쓰기,
색깔 사용, 선 두께, 글자 크기 등
출판을 하는 한,
기획이나 편집에 활용될 만한 유용한 자료이다.

1. 자기계발서 100종의 책제목과 부제명

; 10개의 주제, 주제별 10권 선정. 책 제목 짓는데 응용하면 좋다.
① 중년 ② 노년 ③ 은퇴 ④ 건강 ⑤ 웰다잉 ⑥ 인생 ⑦ 행복
⑧ 어떻게 살 것인가 ⑨ 돈 ⑩ 가족

2. 최근 5년간 베스트셀러 도서명과 부제명

; 주 분야는 경제, 경영, 자기계발 등

3. 틀리기 쉬운 맞춤법과 띄어쓰기

4. 선, 도형, Basic 칼라차트 & 포인트

분류: 중년

도서명	부제
어른들의 사춘기	서른 넘어 찾아오는 뒤늦은 사춘기
중년연습: 아내만 빼고 다 바꿔라	중년의 위기를 지혜롭게 극복 할 수 있는 7가지 전략
중년수업	나이에 지지 않고 진짜 인생을 사는 법
서드 에이지, 마흔 이후 30년	마흔 이후, 인생의 2차 성장을 위한 여섯 가지 원칙
오십후애사전	인생 후반전, 다시 시작하는 사람들을 위한 심리 에세이
중년의 발견	과학이 밝혀낸 중년의 놀라운 능력
마흔앓이	나에게로 떠나는 마음여행
마흔 이후, 인생길	혼돈 속에서 나만의 인생길을 찾게 해줄 독서 100권의 힘
마흔으로 산다는 것	인생 후반전, 마흔 이후를 즐겁게 사는 습관
중년의 배신	인생이 낯설어진 남자를 위한 심리학

분류: 노년

도서명	부제
노화혁명	고령화 충격의 해법
100세인 이야기	멋진 장수시대를 여는 주인공들에게 배우는 우리의 미래
노년의 기술	늙는 기술은 저절로 알게 되는 것이 아니다
지금 외롭다면 잘되고 있는 것이다	위대한 영혼은 외로움이 주는 최고의 선물이다
노년의 아름다운 삶	노년 학자들이 이야기하는 노년기의 삶
멋지게 나이 드는 기술	내가 당신보다 행복한 이유
황혼의 반란	회춘의 비밀을 밝히다
가끔은 격하게 외로워야 한다	내 삶의 주인이 되는 문화심리학
인간은 왜 늙는가	진화로 풀어보는 노화의 수수께끼
나는 에이지즘에 반대한다	새파랗게 젊은 것과 고집불통 노인네가 모두 당하는 처벌

분류: 은퇴

도서명	부제
은퇴의 기술	50세 이후 인생 재창출을 위한 셀프 가이드
나이듦의 기쁨	후반생 40년을 꽃피우는 12가지 주제
은퇴하지 않고 일하기	내 인생에 유통기한은 없다
은퇴 생활 백서	성공한 은퇴선배들이 들려주는 생생한 경험담과 조언들
노인 자서전 쓰기	인생의 의미를 찾아 떠나는 과거로의 여행
은퇴 남편 유쾌하게 길들이기	은퇴 후 부부의 마음 맞추기
은퇴수업	인생의 2막을 위한 라이프 디자인
나는 매일 은퇴를 꿈꾼다	평균수명 100세! 호모헌드레드가 온다
은퇴혁명	20대가 먼저 읽고 실천하라
남자가 은퇴할 때 후회하는 스물다섯 가지	은퇴남 1000명이 들려주는 '은퇴 순간'의 진실

분류: 건강

도서명	부제
웰 에이징	건강하고 당당한 100세 청춘을 준비하는 내 몸과 생활습관 개혁 매뉴얼
당신의 100년을 설계하라	세계 최고의 장수과학자가 전하는 백세인처럼 당당하게 사는 법
내망현	사람은 사회를 만들고 사회는 질병을 키운다
성공적 노화를 위한 노인건강	노인의 건강관리에 관한 이해를 돕다
건강한 노화	건강한 노화의 과학
100세 인생도 건강해야 축복이다	평균 수명 100세 시대 당신에게 필요한 건강바이블
의사의 반란	건강하려면 병원과 약을 버려라
똑똑하게 사랑하고 행복하게 섹스하라	우리는 말로도 대화를 하지만 몸으로도 대화를 한다
자존감 수업	하루에 하나, 나를 사랑하게 되는 자존감 회복 훈련
날 꼬옥 안아 줘요	평생 부부사랑을 지속하기 위한 프로젝트

분류: 웰다잉

도서명	부제
나는 죽을 때까지 재미있게 살고싶다	멋지게 나이 들고 싶은 사람들을 위한 인생의 기술
죽을 때 후회하는 스물다섯 가지	1000명의 죽음을 지켜본 호스피스 전문가가 말하는
나는 죽음을 이야기 하는 의사입니다	죽음의 절망 앞에서 꿈꾸는 삶의 희망 이야기
인생의 끝에서 다시 만난 것들	더 늦기 전에, 더 잃기 전에 알아야 할 45가지 깨달음
아름다운 죽음의 조건	죽음 직전의 사람들에게 배우는 삶의 지혜
나는 한국에서 죽기 싫다	살면서 괴로운 나라. 죽을 때 비참한 나라
이별 서약	떠날 때 울지 않는 가람들
상실 수업	'인생 수업' 두 번째 가르침
죽어가는 자의 고독	죽음에 대한 성찰, 고독한 죽음의 사회학
마지막 선물	죽음이 가르쳐주는 삶의 지혜들

분류: 인생

도서명	부제
인생의 재발견	내 인생의 마지막 터닝포인트를 위하여
내가 알고 있는 걸 당신도 알게 된다면	전세계가 주목한 코넬대학교의 인류 유산 프로젝트
그들은 소리 내 울지 않는다	서울대 송호근 교수가 그린 이 시대 50대 인생 보고서
인생수업	잘 물든 단풍은 봄꽃보다 아름답다
차마 울지 못한 당신을 위하여	이별과 상실의 고통에서 벗어나 다시 살아가는 법
인간이 그리는 무늬	최진석 교수의 '버릇없는 인문학 강의'
아직도 가야 할 길	그 길에서의 명상
강신주의 감정 수업	스피노자와 함께 배우는 인간의 48가지 얼굴
노력중독	인간의 모든 어리석음에 관한 고찰
사피엔스	유인원에서 사이보그까지, 인간 역사의 대담하고 위대한 질문

분류: 행복

도서명	부제
세상 모든 행복	세계 100명의 학자들이 1000개의 단어로 행복을 말하다
행복의 조건	하버드대학교, 인생 성장 보고서
행복에 목숨 걸지 마라	지금 당장 버리면 행복해지는 사소한 것들
행복의 함정	가질수록 행복은 왜 줄어드는가
How to be happy	행복도 연습이 필요하다
행복의 경제학	'슬로 라이프' 제창자 쓰지 신이치가 들려주는
행복의 과학	꼭 행복해 질거라고 유전자가 말한다
이타적 인간의 출현	게임이론으로 푸는 인간 본성 진화의 수수께끼
행복의 기원	인간의 행복은 어디에서 오는가
행복의 중심, 휴식	독일 최고의 과학 저널리스트가 밝혀낸 창조적 휴식 설계의 기술

분류: 어떻게 살 것인가

도서명	부제
사람은 무엇으로 성장하는가	어제의 나를 잊고 새로운 내일을 찾아가는 15가지 성장 법칙
어떻게 살 것인가	정치인에서 자유인으로 돌아와 내놓은 첫 번째 책
몰입, flow	미치도록 행복한 나를 만난다
습관의 힘	반복되는 행동이 만드는 극적인 변화
텅 빈 레인코트	시간이 흘러도 변하지 않는 자본주의의 역설
프레임	나를 바꾸는 심리학의 지혜
한번은 원하는 인생을 살아라	카이스트 윤태성 교수가 말하는 나를 위한 다섯 가지 용기
왜 우리는 대학에 가는가	나는 누구인가, 무엇을 배울 것인가, 어떻게 살 것인가!
습관의 재발견	기적 같은 변화를 불러오는 작은 습관의 힘
열두 발자국	생각의 패러다임을 뒤흔드는 신선한 지적 충격

분류: 돈

도서명	부제
비하인드 은퇴스토리	Q & A 은퇴 스토리
스마트 에이징	늘어난 내 인생 어떻게 디자인 할 것인가
당신의 노후는 당신의 부모와 다르다	강창희 소장의 100세 시대를 위한 인생설계
우물쭈물하다 이럴 줄 알았다	100세 시대의 은퇴설계 준비된 사람만이 살아남는다
40세, 흔들리지 말아야 할 7가지	냉철한 현실 직시를 위한 10대 리얼 보고서
불안한 노후 미리 준비하는 은퇴설계	영화 같은 노후 드라마 같은 은퇴
정해진 미래	인구학이 말하는 10년 후 한국 그리고 생존전략
2020 하류노인이 온다	노후 절벽에 매달린 대한민국의 미래
빚 권하는 사회 빚 못 갚을 권리	왜 빌린 자의 의무만 있고 빌려준 자의 책임은 없는가
1인 1기	쓸모 있는 기술 하나가 답이다

분류: 가족

도서명	부제
부모의 5가지 덫	알면서도 빠져드는 부모의 5가지 문제 행동
문제는 무기력이다	인지심리학자가 10년 이상의 체험 끝에 완성한 인생 독소 처방
몸에 밴 어린시절	고민과 불행의 원인이 되는 내 재과거에 효과적으로 대처하는 법
가족이라는 병	가장 가깝지만 가장 이해하기 힘든 우리 시대의 가족을 다시 생각하다
버럭맘 처방전	아이와의 힘겨루기에 지친 부모를 위한
상처받은 내면아이 치유	성인 아이가 놀라운 아이로 변할 수 있는 기회
가족	진정한 나를 찾아 떠나는 심리여행
천 일의 눈맞춤	태어나서 천 일, 인간은 응시에 의해 조작된다
엄마 냄새	엄마가 가진 놀라운 능력, 엄마 냄새가 인생의 기적을 만든다
가족의 두 얼굴	사랑하지만 상처도 주고받는 나와 가족의 심리테라피

최근 5년 간 베스트셀러 도서명과 부제(분야: 경제, 경영, 자기계발 등)

도서명	부제
1%를 읽는 힘	세상의 정보를 연결해서 기회를 포착하는 생각 혁신
12가지 인생의 법칙	혼돈의 해독제
2030 축의 전환	새로운 부와 힘을 탄생시킬 8가지 거대한 물결
K 배터리 레볼루션	향후 3년, 새로운 부의 시장에서 승자가 되는 법
고요할수록 밝아지는 것들	혜민 스님과 함께 지혜와 평온으로 가는 길
곰돌이 푸, 행복한 일은 매일 있어	아직 행복을 기다리는 우리에게
공정하다는 착각	능력주의는 모두에게 같은 기회를 제공하는가
기분이 태도가 되지 말자	감정조절이 필요한 당신을 위한 책
내면소통	삶의 변화를 가져오는 마음근력 훈련
더 해빙	부와 행운을 끌어당기는 힘
도둑맞은 집중력	집중력 위기의 시대. 삶의 주도권을 되찾는 법
도파민네이션	쾌락 과잉 시대에서 균형 찾기
돈의 속성	돈에 대한 기존의 생각을 과감히 수정하다
레버리지	자본주의 속에 숨겨진 부의 비밀
마음의 법칙	인생의 주인이 되기 위한 정신과 마음의 54가지 법칙
마흔에 읽는 쇼펜하우어	마음의 위기를 다스리는 철학 수업
문과 남자의 과학 공부	나는 무엇이고 왜 존재하며 어디로 가는가?
물고기는 존재하지 않는다	상실, 사랑 그리고 숨어 있는 삶의 질서에 관한 이야기
미드나잇 라이브러리	세상의 소음으로부터 서서히 멀어지는 연습
부의 추월차선	부자들이 말해 주지 않는 진정한 부를 얻는 방법
브라질에 비가 내리면 스타벅스 주식을 사라	경제의 큰 흐름에서 기회를 잡는 매크로 투자 가이드
사장학개론	개인을 넘어 기업가로 가는 길

도서명	부제
생각이 너무 않은 어른들을 위한 심리학	후회 없는 삶을 살고 싶은 당신에게 해 주고 싶은 말들
세이노의 가르침	피보다 진하게 살아라
소크라테스 익스프레스	철학이 우리 인생에 스며드는 순간
아주 작은 습관의 힘	최고의 변화는 어떻게 만들어지는가
언어의 온도	말과 글에는 나름의 따뜻함과 차가움이 있다
역행자	돈, 시간, 운명으로부터 완전한 자유를 얻는 7단계 인생 공략집
오십에 읽는 논어	굽이치는 인생을 다잡아 주는 공자의 말
오은영의 화해	상처받은 내면의 '나'와 마주하는 용기
원씽	복잡한 세상을 이기는 단순함의 힘
웰씽킹	부를 창조하는 생각의 뿌리
장하준의 경제학 레시피	마늘에서 초콜릿까지 18가지 재료로 요리한 경제 이야기
존리의 부자 되기 습관	대한민국 경제독립 액션 플랜
주린이가 가장 알고 싶은 최다질문 TOP 77	염블리 염승환과 함께라면 주식이 쉽고 재미있다
주식투자 무작정 따라하기	100만 왕초보가 감동한 최고의 주식투자 입문서
지적 대화를 위한 넓고 얕은 지식	한 권으로 현실 세계를 통달하는 지식 여행서
천년의 질문	오늘, 당신에게 대한민국이란 무엇입니까?
철학은 어떻게 삶의 무기가 되는가	불확실한 삶을 돌파하는 50가지 생각 도구
트렌드 코리아 2024	2024 대한민국 소비트렌드 전망
퓨처 셀프	현재와 미래가 달라지는 놀라운 혁명
하마터면 열심히 살 뻔했다	야매 득도 에세이
하버드 상위 1퍼센트의 비밀	부정신호를 차단하고 한 가지에 몰입하는 힘
하얼빈	'영웅'의 그늘을 걷어낸 인간 안중근의 가장 치열했던 일주일

틀리기 쉬운 맞춤법과 띄어쓰기

X	O
~거에요	~거예요
300만원	300만 원
A가 B보다 더 낳다	A가 B보다 더 낫다
A와 B는 완전 틀려	A와 B는 완전 달라
가능한 한 빨리	가능한 빨리
가벼히	가벼이
가엽다	가엾다
간지르다	간질이다
가만하다	감안하다
감질맛나다	감질나다
개구장이	개구쟁이
건들이다	건드리다
개거품	게거품
결제서류 / 결재금액	결재서류 / 결제금액
고난이도	고난도
골치덩어리	골칫덩어리
곰곰히	곰곰이
구렛나루	구레나룻
궁시렁거리다	구시렁거리다
궂이 / 구지	굳이
귀뜸	귀띔
그밖에	그 밖에
그닥	그다지
그때서야	그때야
그래도 되!	그래도 돼!
그래도 돼나요?	그래도 되나요?
그러던 말던	그러든 말든
그리 돼다	그리되다
그리 돼지	그리되지
그리 되지는	그리되지는
금새	금세
깍뚜기	깍두기
깨끗히	깨끗이
나루배	나룻배
나무가지	나뭇가지
나 뿐만 아니라	나뿐만 아니라
나중에 봬요	나중에 봬요
난장이	난쟁이
남량	납량

X	O
납짝하다	납작하다
낭떨어지	낭떠러지
내노라하는	내로라하는
내일 뵈요	내일 봬요 / 내일 뵈어요
넓다랗다	널따랗다
널부러지다	널브러지다
넓직한	널찍한
널빤지	널판지
눈꼽	눈곱
눈쌀	눈살
느즈막하다	느지막하다
닥달하다	닦달하다
단언컨데	단언컨대
달콤씁쓸	달곰씁쓸
댓가	대가
되물림	대물림
덤탱이	덤터기
덩쿨	덩굴
도데체	도대체
되야만	돼야만 / 되어야만
돼니	되니
돼다	되다
뒤치닥거리	뒤치다꺼리
들어나다	드러나다
따라하다	따라 하다
마음 속	마음속
막내동생	막냇동생
만 원 어치	만 원어치
말빨	말발
맛배기	맛보기
틀림	맞음
몇일, 몇 일	며칠
문안하다	무난하다
미쳐	미처
믿겨지지	믿어지지
바꼈다	바뀌었다
바램	바람
발자욱	발자국
밥 먹고있다	밥 먹고 있다

X	O
벗꽃	벚꽃
배개	베개
병이 낳았다	병이 나았다
보고싶다	보고 싶다
보도 블록	보도블록
보일락말락	보일락 말락
뵈요	봬요
빈털털이	빈털터리
빌려 주다	빌려주다
사겼다	사귀었다
삼가하다	삼가다
쌩뚱맞다	생뚱맞다
서슴치	서슴지
선생님이 되서	선생님이 돼서 / 되어서
설겆이	설거지
설레이는	설레는
설레임	설렘
신경쓰다	신경 쓰다
실증	싫증
쉽상	십상
안 되	안 돼
않되나요	안되나요
안성마춤	안성맞춤
않 하다	안 하다 / 하지 않다
애시당초	애당초
애띠다	앳되다
예기	얘기
어떻해	어떡해 / 어떻게 해
어의없다	어이없다
어줍잖은	어쭙잖은
어따 대고	얻다 대고
여지 없이	여지없이
역활	역할
연애인	연예인
오도방정	오두방정
오랫만에	오랜만에
웬지	왠지
요세	요새
요컨데	요컨대

X	O
움추리다	움츠리다
웅큼	움큼
왠 떡이야	웬떡이야
왠만하면	웬만하면
왠일	웬일
은연 중에	은연중에
이론 상	이론상
인권비	인건비
임마	인마
일이 잘 되 가다	일이 잘돼 가다
일일히	일일이
일찌기	일찍이
자리를 빌려	자리를 빌어
잘할거야	잘 할 거야
잠궜다	잠갔다
제작년	재작년
전세집	전셋집
정답을 맞추다	정답을 맞히다
제 3회	제3회
제사날	제삿날
존대말	존댓말
줏어	주워
첫번째	첫 번째
추스리다	추스르다
치루다	치르다
통채로	통째로
하마트면	하마터면
한 웅큼	한 움큼
한줄기	한 줄기
한 마디	한마디
할듯말듯	할 듯 말 듯
할 듯 하다	할 듯하다
할께요	할게요
해질 녘	해 질 녘
핼쑥하다	핼쓱하다
홧병	화병
회수	횟수
희한하다	희안하다

*자기만의 맞춤법, 띄어쓰기 노트를 만드는 것도 좋다.

선, Basic 칼라차트, 도형 & 포인트

0.25pt ─────────────────────────────

0.5pt ─────────────────────────────

1pt ─────────────────────────────

2pt ─────────────────────────────

2.5pt ─────────────────────────────

3pt ─────────────────────────────

3.5pt ─────────────────────────────

4pt ─────────────────────────────

4.5pt ─────────────────────────────

5pt ─────────────────────────────

5.5pt ─────────────────────────────

6pt ─────────────────────────────

7pt ─────────────────────────────

8pt ─────────────────────────────

9pt ─────────────────────────────

10pt ─────────────────────────────

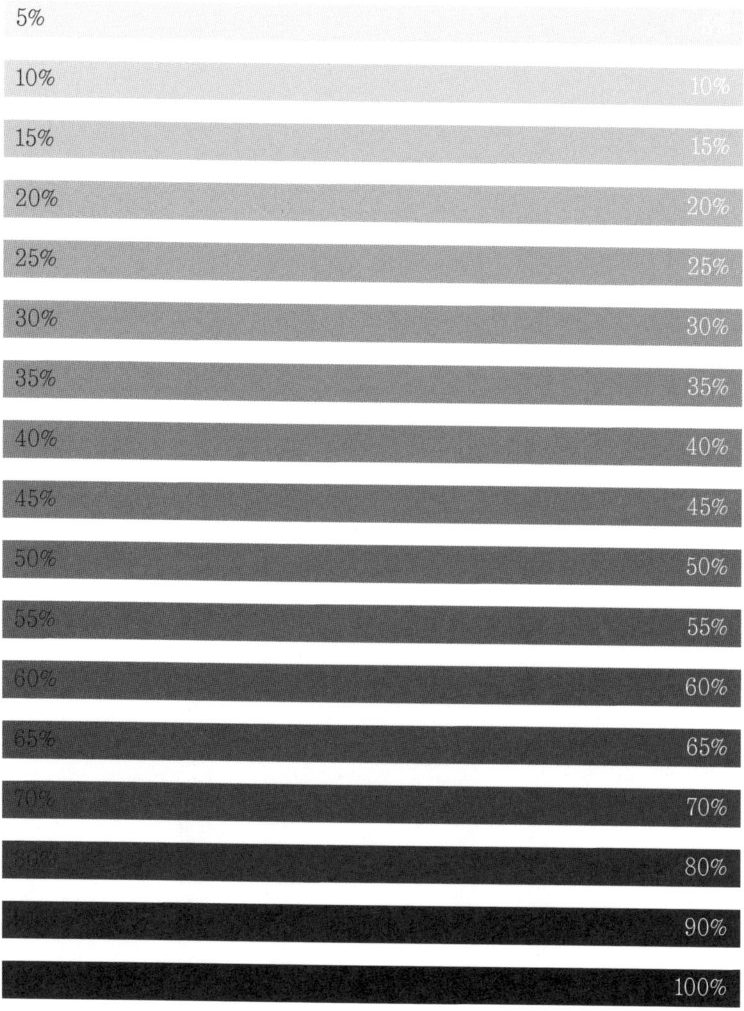

5%

10% 10%

15% 15%

20% 20%

25% 25%

30% 30%

35% 35%

40% 40%

45% 45%

50% 50%

55% 55%

60% 60%

65% 65%

70% 70%

80% 80%

90%

100%

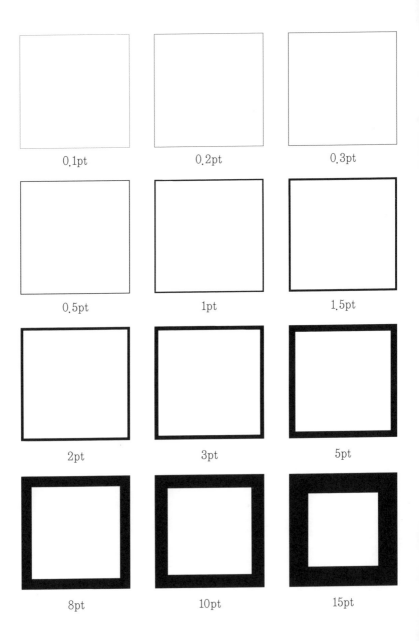

0.1pt   0.2pt   0.3pt

0.5pt   1pt   1.5pt

2pt   3pt   5pt

8pt   10pt   15pt

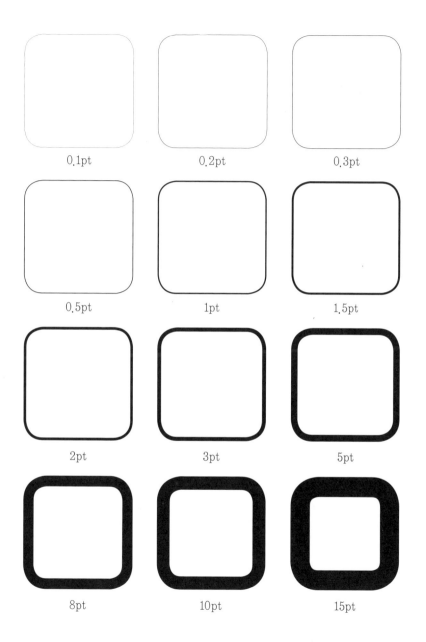

0.1pt

0.2pt

0.3pt

0.5pt

1pt

1.5pt

2pt

3pt

5pt

8pt

10pt

15pt

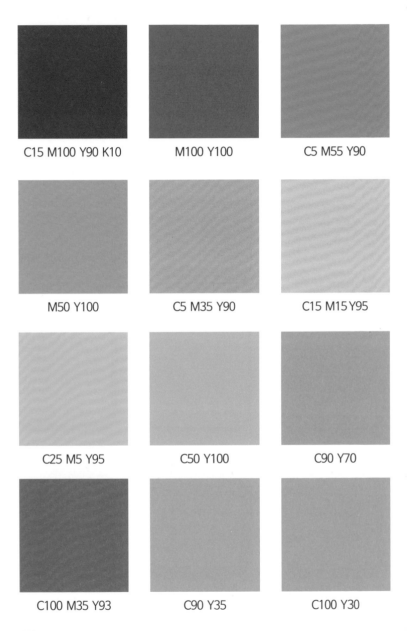

C15 M100 Y90 K10

M100 Y100

C5 M55 Y90

M50 Y100

C5 M35 Y90

C15 M15 Y95

C25 M5 Y95

C50 Y100

C90 Y70

C100 M35 Y93

C90 Y35

C100 Y30

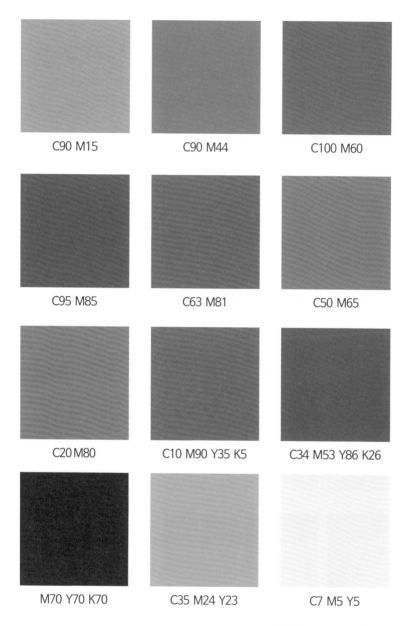

C90 M15

C90 M44

C100 M60

C95 M85

C63 M81

C50 M65

C20 M80

C10 M90 Y35 K5

C34 M53 Y86 K26

M70 Y70 K70

C35 M24 Y23

C7 M5 Y5

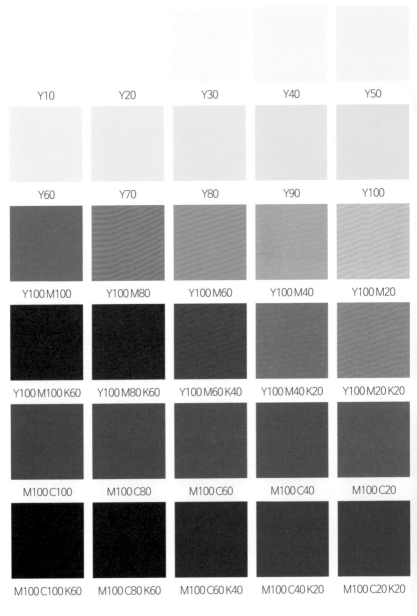

Y10 Y20 Y30 Y40 Y50

Y60 Y70 Y80 Y90 Y100

Y100 M100 Y100 M80 Y100 M60 Y100 M40 Y100 M20

Y100 M100 K60 Y100 M80 K60 Y100 M60 K40 Y100 M40 K20 Y100 M20 K20

M100 C100 M100 C80 M100 C60 M100 C40 M100 C20

M100 C100 K60 M100 C80 K60 M100 C60 K40 M100 C40 K20 M100 C20 K20

M10   M20   M30   M40   M50

M60   M70   M80   M90   M100

Y100 M100   Y80 M100   Y60 M100   Y40 M100   Y20 M100

Y100 M100 K40   Y80 M100 K60   Y60 M100 K60   Y40 M100 K40   Y20 M100 K20

M100 C100   M80 C100   M60 C100   M40 C100   M20 C100

M100 C100 K40   M80 C100 K60   M60 C100 K60   M40 C100 K40   M20 C100 K20

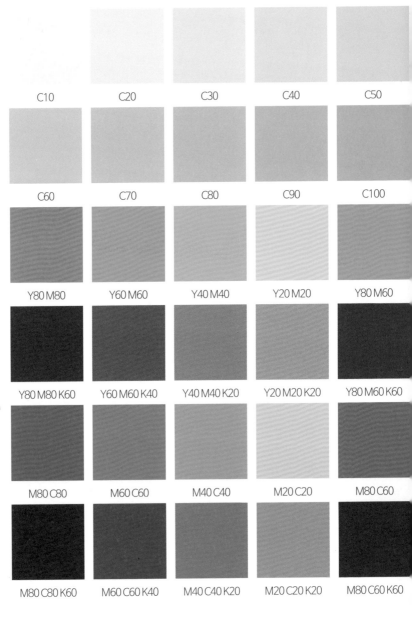

C10	C20	C30	C40	C50
C60	C70	C80	C90	C100
Y80 M80	Y60 M60	Y40 M40	Y20 M20	Y80 M60
Y80 M80 K60	Y60 M60 K40	Y40 M40 K20	Y20 M20 K20	Y80 M60 K60
M80 C80	M60 C60	M40 C40	M20 C20	M80 C60
M80 C80 K60	M60 C60 K40	M40 C40 K20	M20 C20 K20	M80 C60 K60

K10   K20   K30   K40   K50

K60   K70   K80   K90   K100

Y60 M40   Y40 M20   Y60 M80   Y40 M60   Y20 M40

Y60 M40 K40   Y40 M20 K20   Y60 M80 K60   Y40 M60 K40   Y20 M40 K20

C60 M40   M40 C20   M60 C80   M40 C60   M20 C40

M60 C40 K40   M40 C20 K20   M60 C80 K60   M40 C60 K40   M20 C40 K20

Y80 C100	Y60 C100	Y40 C100	Y20 C100	Y80 C80
Y100 M60 C100	Y100 M60 C60	Y100 M40 C60	Y100 M20 C60	Y80 M60 C100
Y80 C100 K60	Y60 C100 K60	Y40 C100 K40	Y20 C100 K20	Y80 C80 K60
Y40 M60 C40	Y40 M40 C20	Y20 M20 C40	Y20 M20 C20	Y10 M20 C20
Y40 M40 C60	Y40 M20 C40	Y20 M40 C20	Y20 M20 C10	Y20 M10 C10
Y40 M40 C40	Y20 M40 C40	Y40 M20 C20	Y20 M10 C20	Y10 M20 C10

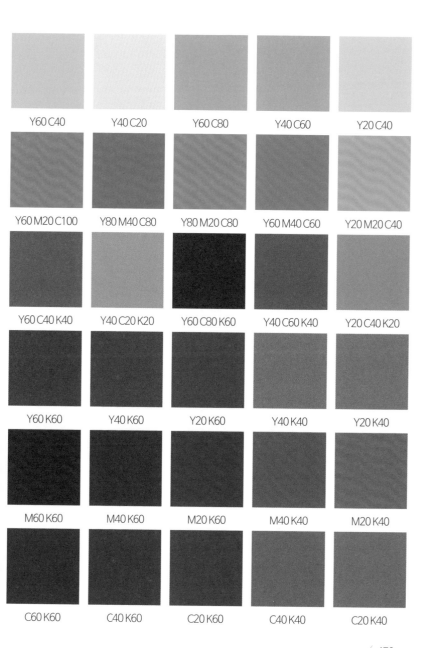

Y60 C40	Y40 C20	Y60 C80	Y40 C60	Y20 C40
Y60 M20 C100	Y80 M40 C80	Y80 M20 C80	Y60 M40 C60	Y20 M20 C40
Y60 C40 K40	Y40 C20 K20	Y60 C80 K60	Y40 C60 K40	Y20 C40 K20
Y60 K60	Y40 K60	Y20 K60	Y40 K40	Y20 K40
M60 K60	M40 K60	M20 K60	M40 K40	M20 K40
C60 K60	C40 K60	C20 K60	C40 K40	C20 K40

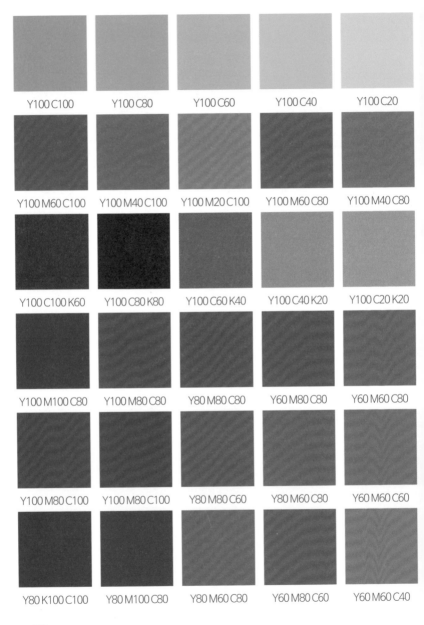

Y100 C100	Y100 C80	Y100 C60	Y100 C40	Y100 C20
Y100 M60 C100	Y100 M40 C100	Y100 M20 C100	Y100 M60 C80	Y100 M40 C80
Y100 C100 K60	Y100 C80 K80	Y100 C60 K40	Y100 C40 K20	Y100 C20 K20
Y100 M100 C80	Y100 M80 C80	Y80 M80 C80	Y60 M80 C80	Y60 M60 C80
Y100 M80 C100	Y100 M80 C100	Y80 M80 C60	Y80 M60 C80	Y60 M60 C60
Y80 K100 C100	Y80 M100 C80	Y80 M60 C80	Y60 M80 C60	Y60 M60 C40

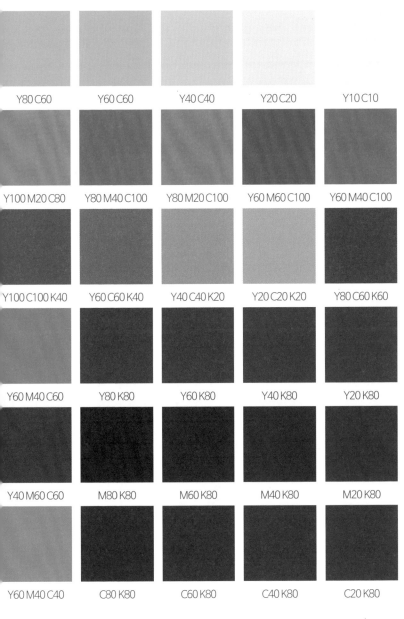

Y80 C60 Y60 C60 Y40 C40 Y20 C20 Y10 C10

Y100 M20 C80 Y80 M40 C100 Y80 M20 C100 Y60 M60 C100 Y60 M40 C100

Y100 C100 K40 Y60 C60 K40 Y40 C40 K20 Y20 C20 K20 Y80 C60 K60

Y60 M40 C60 Y80 K80 Y60 K80 Y40 K80 Y20 K80

Y40 M60 C60 M80 K80 M60 K80 M40 K80 M20 K80

Y60 M40 C40 C80 K80 C60 K80 C40 K80 C20 K80

5pt 퇴직 후, 30년 더 일합시다! 퇴직 후, 30년 더 일합시다! 퇴직 후, 30년 더 일합시다! 퇴직 후, 30년 더 일합시다! 퇴직 후, 30년 더 일합시다! 퇴직

6pt 퇴직 후, 30년 더 일합시다! 퇴직 후, 30년 더 일합시다! 퇴직 후, 30년 더 일합시다! 퇴직 후, 30년 더 일합시다! 퇴직 후

7pt 퇴직 후, 30년 더 일합시다! 퇴직 후, 30년 더 일합시다! 퇴직 후, 30년 더 일합시다! 퇴직 후, 30년 더 일

8pt 퇴직 후, 30년 더 일합시다! 퇴직 후, 30년 더 일합시다! 퇴직 후, 30년 더 일합시다! 퇴직

9pt 퇴직 후, 30년 더 일합시다! 퇴직 후, 30년 더 일합시다! 퇴직 후, 30년 더 일합시

10pt 퇴직 후, 30년 더 일합시다! 퇴직 후, 30년 더 일합시다! 퇴직 후, 30년 더

11pt 퇴직 후, 30년 더 일합시다! 퇴직 후, 30년 더 일합시다! 퇴직 후, 3

12pt 퇴직 후, 30년 더 일합시다! 퇴직 후, 30년 더 일합시다! 퇴

13pt 퇴직 후, 30년 더 일합시다! 퇴직 후, 30년 더 일합시다

14pt 퇴직 후, 30년 더 일합시다! 퇴직 후, 30년 더 일합

15pt 퇴직 후, 30년 더 일합시다! 퇴직 후, 30년 더 일

18pt 퇴직 후, 30년 더 일합시다! 퇴직 후, 30년 더

20pt 퇴직 후, 30년 더 일합시다! 퇴직 후

24pt 퇴직 후, 30년 더 일합시다! 퇴

30pt 퇴직 후, 30년 더 일합시

36pt 퇴직 후, 30년 더 일

퇴직 후, 30년 더 일합시다! 퇴직 후, 30

퇴직 후 30년 책이 일하고 돈 벌게 하라

퇴직 전에 준비하는 1인 출판의 생존 기술

초판 발행 | 2023년 9월 3일
개정증보판 발행 | 2024년 5월 11일

지은이	흔들의자
펴낸이	안호헌
에디터	윌리스

펴낸곳	도서출판 흔들의자	
	출판등록	2011. 10. 14(제311-2011-52호)
	주소	서울특별시 서초구 동산로14길 46-14. 202호
	전화	(02)387-2175
	팩스	(02)387-2176
	이메일	rcpbooks@daum.net(원고 투고)
	블로그	http://blog.naver.com/rcpbooks
출력 및 인쇄	한산 에이치이피 (031) 921-1160	

ISBN 979-11-86787-58-8   13010
ⓒ흔들의자